2019年 法改正
完全対応
［改訂版］

子どもに迷惑かけたくなければ相続の準備は自分でしなさい

公認会計士・税理士
五十嵐明彦

Discover
ディスカヴァー

何が、どう変わる？

40年ぶりの「相続法」改正カレンダー

施行日	改正内容	解説
2019年 1月13日	**遺言書の一部がパソコンで作れるように！** 自筆証書遺言の方式緩和 本文26ページ参照	手書きしか認められていなかった自筆証書遺言が、財産目録についてはパソコンで作成することが可能となり、また通帳のコピーでも預金を特定させることができるようになりました。これまでは、預金の種類や不動産の件数が多い場合に財産目録を手書きで書くのが大変でしたが、自筆証書遺言の作成がしやすくなりました。
2019年 7月1日	**故人の預貯金を引き出すことが可能に！** 預貯金の払い戻し制度 本文32ページ参照	亡くなった人の預貯金口座は、遺産分割協議が終わるか、あるいは相続人全員の同意がないと引き出すことができませんでしたが、一定額については相続人が単独で引き出すことができるようになります。これにより、葬儀費用などの必要な資金を引き出せないといった不便さが解消されます。
2019年 7月1日	**長男の妻も財産を取得することができるように！** 特別寄与料制度 本文30ページ参照	財産は相続人しか相続できないため、相続人でない者の介護などの貢献が報われず不公平感がありました。たとえば、長男の妻などの相続人でない親族が介護を続け、その結果、義父母の財産が維持されたり増加したりしたと認められる場合などは、「特別の寄与」が認められ相続人に対してお金を請求できるようになります。

2019年
7月1日

婚姻期間20年以上の夫婦の自宅の贈与は、遺産分割の対象外に！

遺産分割に関する見直し

本文22ページ参照

配偶者に自宅を贈与した場合、これまではその贈与された自宅も含めて遺産分割の取り分を決めることとなっていたため、配偶者が自宅に住めなくなるケースがありました。

配偶者を保護する観点から、婚姻期間20年以上の夫婦が配偶者に自宅を贈与した場合には、その自宅は遺産分割の対象から除外されることになります。

2020年
4月1日

配偶者がそのまま自宅に住めるように！

配偶者居住権の創設

本文19ページ参照

配偶者が自宅を相続すると、その他の相続人が預貯金を相続してしまい、配偶者の手元に預貯金が残らず生活に困るケースや、自宅に住み続けられないケースなどがありました。

これについて、自宅の価値を「所有権」と「配偶者居住権」に分けて、配偶者は「配偶者居住権」のみを相続することで、相続する不動産の価値が少なくなり、自宅に住み続けながらも預貯金の取り分も増やせるようになります。

2020年
7月10日

遺言書を法務局に預けることが可能に！

自筆証書遺言の保管制度の創設

本文28ページ参照

自筆証書遺言は自宅で保管されていることが多く、見つからない場合があったり、裁判所で遺言書の確認をしてもらう「検認」という手続きが必要なため、相続発生後の手続きが煩雑で時間がかかるというデメリットがありました。

今後は、法務局で保管をしてもらうことが可能になり、紛失等のリスクがなくなるとともに、法務局で保管してもらう自筆証書遺言については検認の手続きが不要となり、相続手続きがスムーズに進められるようになります。

はじめに

みなさんにも相続税がかかる。そんな時代がやってきました。

２０１５年の税制改正により、相続税の大増税時代がはじまりました。課税対象となる人が一気に増えると予想されていましたが、実際にいま私が依頼を受けている相続税の案件の約半分は、税制改正前であれば相続税がかからなかった方からのものになっています。

つまり、これまで相続税に縁がなかったかもしれないみなさんにも、相続税対策が必要になる時代がやってきたというわけです。

裁判所が公表する司法統計によると、「遺産をどのように分けるか」という遺産分割をめぐって争った事件の数は右肩上がりに増え続けていて、**１９８９年には年間８４３０件だったのが、２０１６年には年間１万４６２２件と大幅に増加**しています。

「相続争いなんてお金持ちの話」と考えられがちですが、実は家庭裁判所で行われた遺産分割調停のうち、相続財産が５０００万円以下の案件が全体の約75%を占めているというデータもあります。

相続の問題は、相続財産の大小にかかわらず、必ずみなさん（もしくはみなさんの家族）に生じる問題なのです。

そして、**２０１９年７月**（一部は1月）**からは相続に関係する法律（相続法）の改正が施行されます。実に40年ぶりの大改正に、注目が集まっています。**

このような時代のなかで、相続についてより理解を深めていただけるよう、本書ではできる限りみなさんに身近な話題で、簡単に読める事例を取り入れながら、相続対策について解説させていただきます。

相続対策には専門知識が必要なため、実はそのすべてをみなさんがご自身の手で行うのには限界があります（税金面については**税理士**のサポートが、法律面については**弁護士**や**司法書士**のサポートが必要になります）。

しかし、税理士や弁護士といった専門家のサポートを受けるにしても、みなさん自身が相続に関する基礎知識（相談するにも相続についてまったく知らなければ相談できないですよね）をもつことは大事ですし、相続が発生する前にみなさん自身で行える対策（**これには10年以上かけてする対策や、時間をかければかけるほど効果が出る対策もあります**）を事前に知っておくことは、とても大切なことだと言えます。

いざ相続が発生したとき、本書の知識で事前の対策をすませていれば、手続きは滞りなく進むはずです。

本書はタイトルの通り、子どもに相続をさせる親が、どうやって相続の準備をしたらいいかについて書いていますが、お子さんが読み、相続対策について親子で話し合うきっかけをつくるときにも有効です。

本書をきっかけに、みなさんが一日でも早く相続対策をはじめられ、スムーズに相続が進むことを心より願っております。

2019年3月

公認会計士・税理士　五十嵐 明彦

目次

第2章　事前準備

第3章 遺言書で迷惑かけない

第4章

税金で迷惑かけない

第6章 親の秘密で迷惑かけない

第1章

相続法は こう変わる

40年ぶりの大改正！

２０１８年7月に、相続に関係する法律（相続法）の改正が決まり、２０１９年から順次、施行されていくことになりました。

相続税については、２０１５年にも税制改正が行われて大増税が行われたのが記憶に新しいところです。今回は１９８０年以来、**約40年ぶりに相続法の大きな見直しがされることになった**ことから、あらためて大きな話題となっています。

時代に合わなくなった相続法

相続法が見直しをされなかったこの40年の間に、日本人の平均寿命は延び、高齢化が進行するなど、社会情勢の大きな変化がありました。

そのため、しだいに**相続法が時代に合わなくなり、法律でもっと保護をしなければならない人も増えてきています。**

実際に80歳以上で亡くなる方は、1990年では40％程度でしたが、現在は70％程度まで増えています。90歳を超えて亡くなる方も増え続けていて、相続をさせる被相続人の高齢化は、今後もさらに進むと考えられています。

相続する子どものほうも高齢化しています。相続させる側が80代、90代となると、相続する子どもは60代、場合によっては70代ということも考えられ、相続させる側もする側もともに老人という、いわゆる**「老老相続」が増加**しているのです。

このような背景もあり、高齢になってから相続をすることになる配偶者（妻または夫）を保護するため、認知症になる前に遺言書を書いてもらえるよう、遺言書を作成しやすくしたり、手続きを簡単にしたりする法律の改正が今回行われたというわけです。

おもな改正のポイントは、次の６つです。

1　妻（夫）がそのまま自宅に住めるように

2　婚姻期間20年以上の夫婦の自宅の贈与が、遺産分割の対象外に

3　遺言書の一部がパソコンで作れるように

4　遺言書を法務局に預けることが可能に

5　長男の妻も財産を取得することができるように

6　故人の預貯金を引き出すことが可能に

1

妻（夫）がそのまま自宅に住めるように

夫または妻が亡くなったときに、残された配偶者（妻または夫）が生活できなくなってしまうことがないようにするために、配偶者がまずは生活の基盤である自宅に優先的に住むことができるようになりました。この配偶者が自宅に住み続けることができる権利を「**配偶者居住権**」といいます。

日本人の典型的な相続は、自宅（持ち家）と少しの預貯金であることから、実は相続が発生した場合に問題が起きるケースが少なくありませんでした。

たとえば夫が亡くなり、相続するのが妻と子どもという場合、法律上の妻の取り分は1／2、子どもの取り分も1／2、つまり半分ずつ分けることになります。

ところが、夫が残した財産が2000万円の自宅と3000万円の預貯金だった場合、妻は住む場所として自宅を相続したいのに、取り分が1／2だと預貯金は500万円しか相続することができず、生活費が不足するという問題が生じていたのです。

そこで、自宅の相続を、自宅を所有する権利と自宅を使う権利とに分けて、自宅を使う権利、つまり**自宅に住む権利を妻（配偶者）に優先的に認める**ことにしました（配偶者居住権の創設）。

自宅の2000万円の価値を、1000万円の所有権と1000万円の配偶

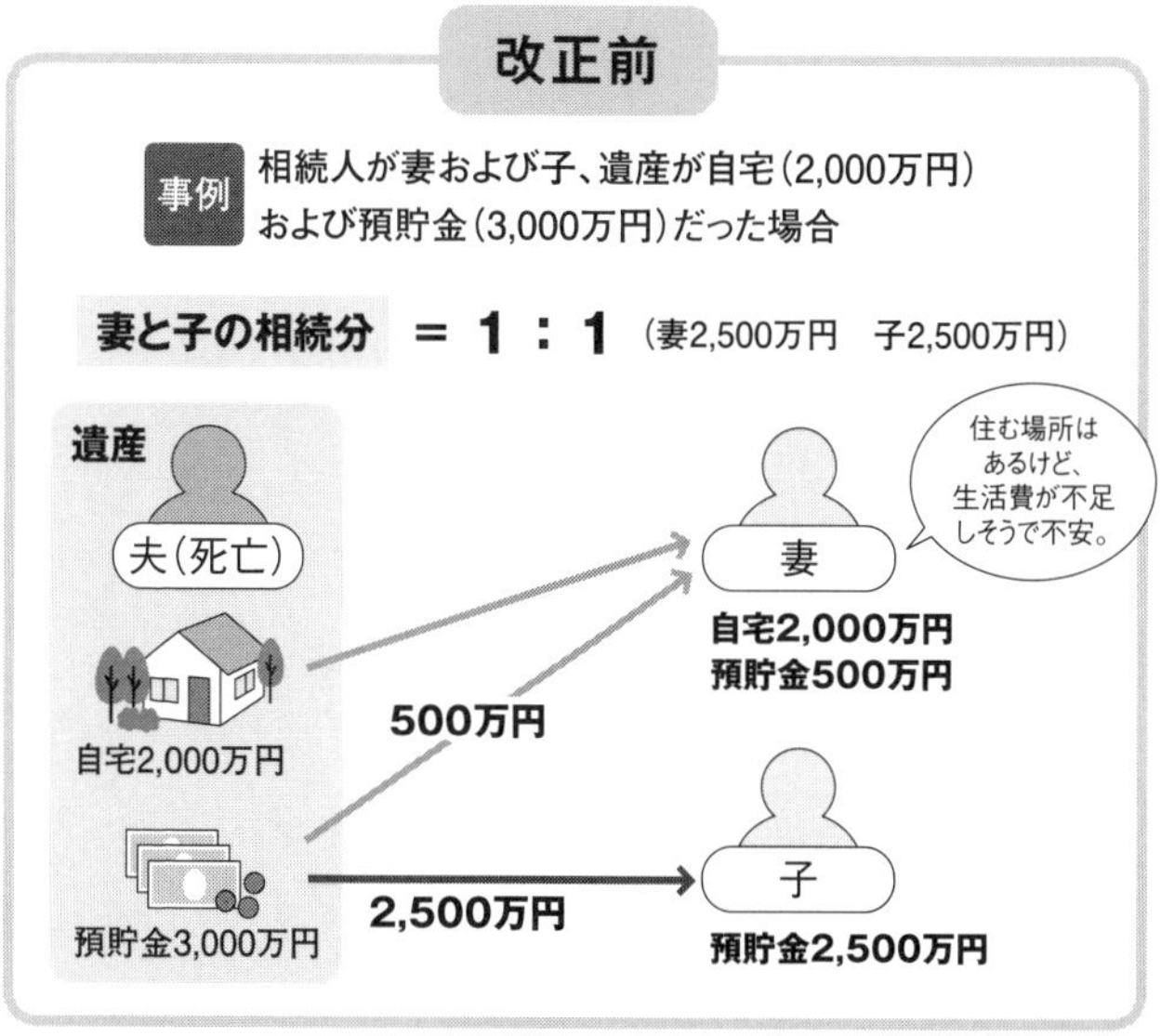
改正前
事例
相続人が妻および子、遺産が自宅（2,000万円）
および預貯金（3,000万円）だった場合
妻と子の相続分 ＝ 1 ： 1 （妻2,500万円 子2,500万円）
遺産
夫（死亡）
自宅2,000万円
預貯金3,000万円
500万円
2,500万円
妻
自宅2,000万円
預貯金500万円
住む場所はあるけど、生活費が不足しそうで不安。
子
預貯金2,500万円

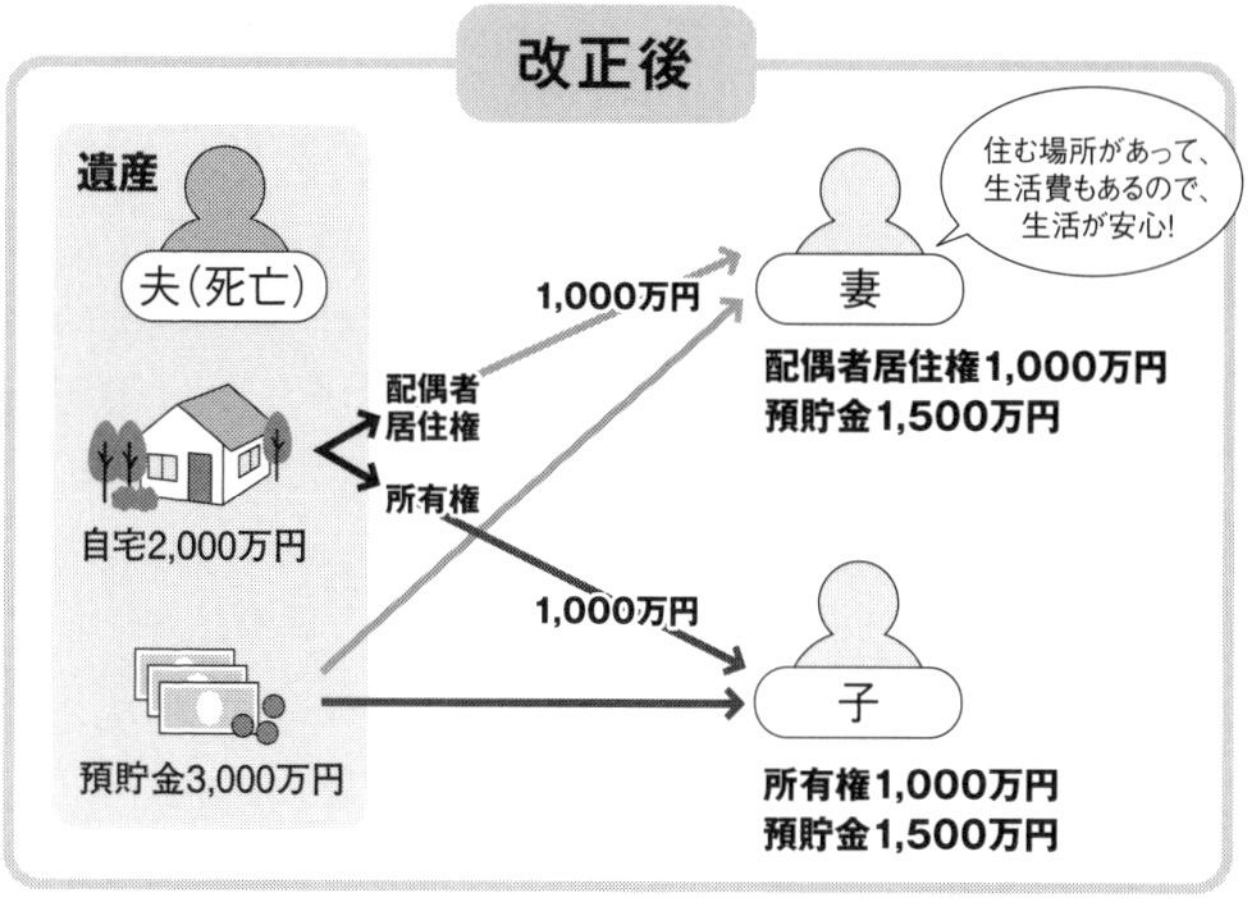
改正後
遺産
夫（死亡）
自宅2,000万円
預貯金3,000万円
配偶者居住権
所有権
1,000万円
1,000万円
妻
住む場所があって、生活費もあるので、生活が安心!
配偶者居住権1,000万円
預貯金1,500万円
子
所有権1,000万円
預貯金1,500万円

者居住権とに分けて、子どもが所有権の１０００万円を、妻が居住権の１０００万円をそれぞれ相続することにより、妻はこれまでよりも１０００万円多い１５００万円の預貯金を相続することができ、安心して生活できるようになるというわけです。

この制度は２０２０年４月１日からスタートします。

2 婚姻期間20年以上の夫婦の自宅の贈与が、遺産分割の対象外に

夫（妻）が妻（夫）に財産をあげると「贈与税」という税金がかかりますが、結婚して20年以上経つ夫婦が相手に自宅をあげた場合には、２０００万円までは贈与税がかからないという特例があります。

自宅はほとんどの場合、夫婦で築いた財産ですから、夫婦間で贈与をしたときに税金をかけるのはかわいそうだということで認められている制度です。

ところが、この制度を使って、たとえば夫が自宅を妻に贈与した場合でも、夫が亡くなったときにはその贈与はなかったものと考えて、相続の取り分を決めなければならないことになっていました。

そのため、せっかく妻に自宅を贈与しても妻の取り分が増えるわけではなく、わざわざ生きている間に贈与した意味がなくなっていたのです。

そこで、税金の特例に合わせる形で**2019年7月1日から、婚姻期間が20年以上である夫婦間で自宅の贈与をした場合には、相続の取り分を決める際に、贈与した自宅はその対象としなくてよい**ことになりました。

夫の財産が2000万円の自宅と3000万円の預貯金で、合計5000万円だった場合を考えてみましょう。
これまでは、2000万円の自宅を夫から妻に生前に贈与していても、夫が亡くなったときは夫の財産を5000万円と考えて、妻と子どもで財産を分けることになるため、妻は2000万円の自宅のほかに500万円の預貯金しか受け取ることができませんでした。

今後は、2000万円の自宅はすでに贈与されていることから、取り分の計算の対象にはせず、3000万円の預貯金を子どもと1／2ずつ分けることになります。そのため、妻は2000万円の自宅と1500万円の預貯金を相続することができるようになり、**妻の取り分が多くなる**のです。

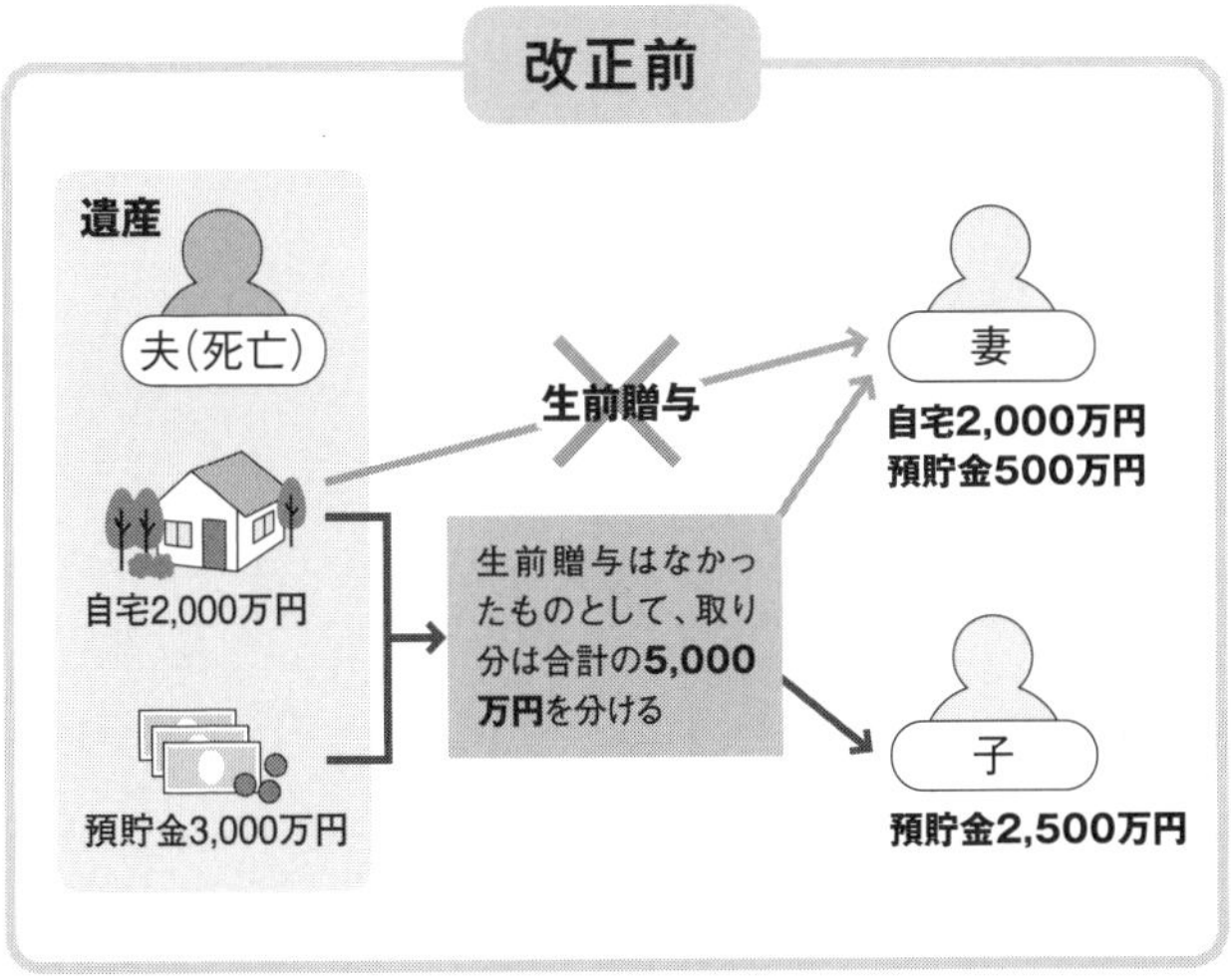
改正前
遺産
夫(死亡)
自宅2,000万円
預貯金3,000万円
生前贈与
生前贈与はなかったものとして、取り分は合計の5,000万円を分ける
妻
自宅2,000万円
預貯金500万円
子
預貯金2,500万円

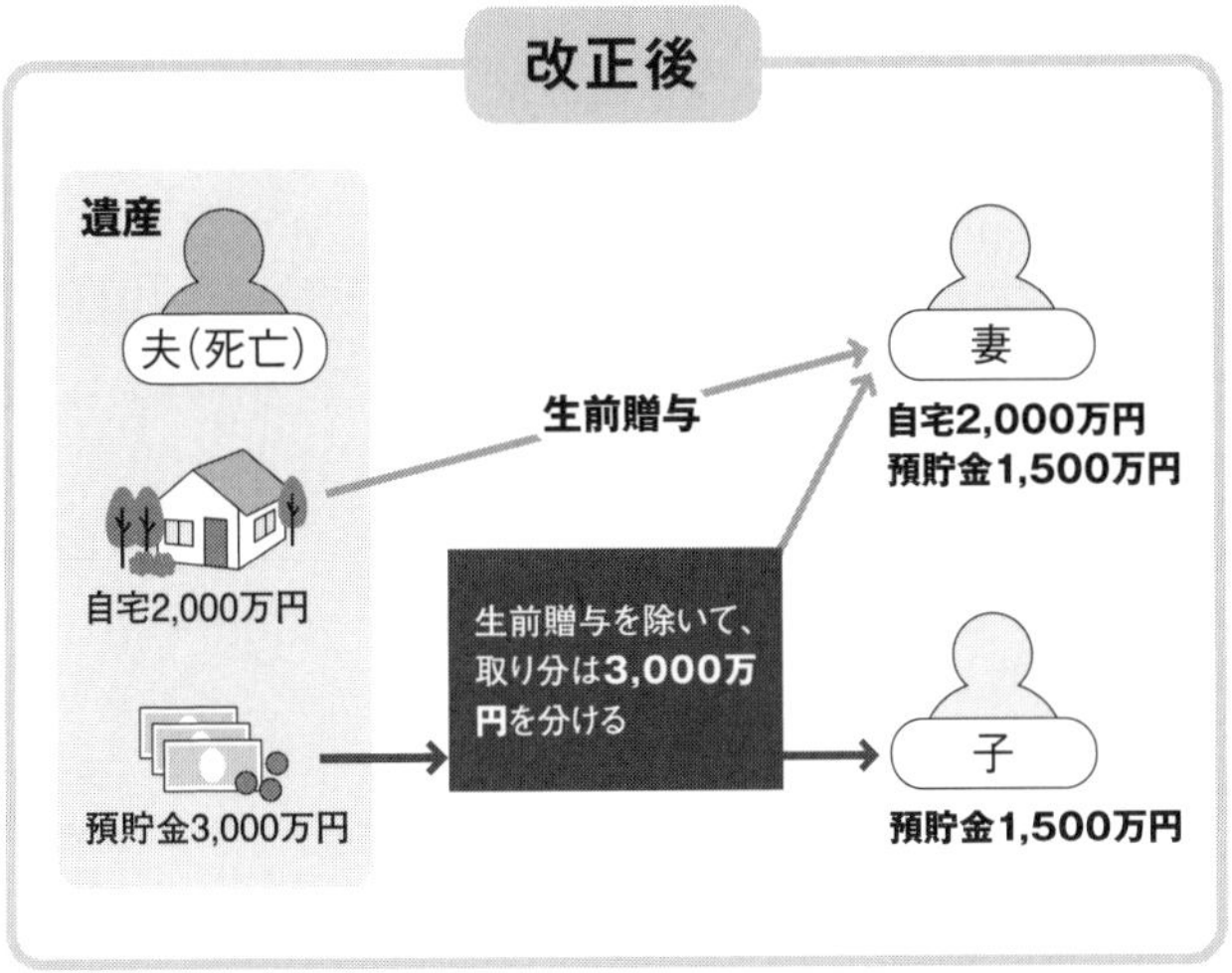
改正後
遺産
夫(死亡)
自宅2,000万円
預貯金3,000万円
生前贈与
生前贈与を除いて、取り分は3,000万円を分ける
妻
自宅2,000万円
預貯金1,500万円
子
預貯金1,500万円

3

遺言書の一部がパソコンで作れるように

自分で書く遺言のことを「自筆証書遺言」といいます。これまでは、そのすべてを自分で手書きしなければなりませんでした（遺言書については、第3章でくわしく解説します）。

「全財産を○○に相続する」というような簡単な遺言ならいいのですが、財産を複数の人間に相続させるという遺言を作るためには、その1つひとつを遺言に書かなければならなかったのです。

預金であれば銀行名、支店名、預金の種類、口座番号を、不動産であれば登記簿謄本に記載されている情報を、その通りに書かなければならないので、すべてを手書きするのはとても大変な作業でした。

そこで、**手書きをする負担が大きい「財産目録」部分については、パソコンで作ってよいことになりました**（2019年1月13日より施行されています）。

財産目録については必ずしも文書形式でなくてもよくなり、不動産であれば全部事項証明書（登記簿謄本）、預貯金であれば通帳の表紙のコピー（金融機関名、支店名、預金の種類、口座番号、口座名義がわかる部分）などでも認められるようになりました。

これらによって、**一度作成した遺言書を書き直すなどの手間も減り**、自筆証書遺言はかなり作成しやすくなっています。

4 遺言書を法務局に預けることが可能に

テレビドラマでもよくあるように、自分で作った遺言書が見つからないとか、遺言書を本人が書いたかどうかが疑わしい、といった問題がよく生じていました。

遺言書を書いたと聞いていたのに見つからなかったり、あるいは聞いていた内容と違っていたりすると、相続人の間で不信感が生じることになり、もめる原因にもなりかねません。

そこで、**2020年7月10日から自筆証書遺言を、法務局で保管する仕組み**

ができました。つまり、国が保管してくれるというわけです。

遺言書を作成した本人が法務局に預けることになるため、内容について疑いが生じることはありませんし、保管場所が法務局とわかっていれば、遺言書が見つからないということもありません。

さらに、これまで自筆証書遺言は相続人が家庭裁判所に持っていって**「検認」**という手続きをしなければならず、手間も時間もかかっていたのですが、法務局に預けてある場合には検認の手続きもいらなくなります。

この制度によって、遺言書を作ることのメリットがより大きくなり、遺言書を作成する人が増えることが考えられます。

5

長男の妻も財産を取得することができるように

長男の妻が長男の親の介護をしていた場合、長男が長男の親よりも先に亡くなってしまうと、長男の妻がどんなに長男の親の介護をしていても相続人にはなれないため、相続財産を受け取ることはできませんでした。

しかしながら、法律上の相続人以外の親族が無償で亡くなった人の介護を行ったなど、亡くなった人の財産を増やした、あるいは減らさなかったと認められる場合は、財産をまったく受け取ることができないと不公平になるため、**２０１９年７月１日から、そのような親族は相続人に対して金銭の請求をすることができるようになりました。**

改正前

事例 亡き長男の妻が、被相続人の介護をしていた場合

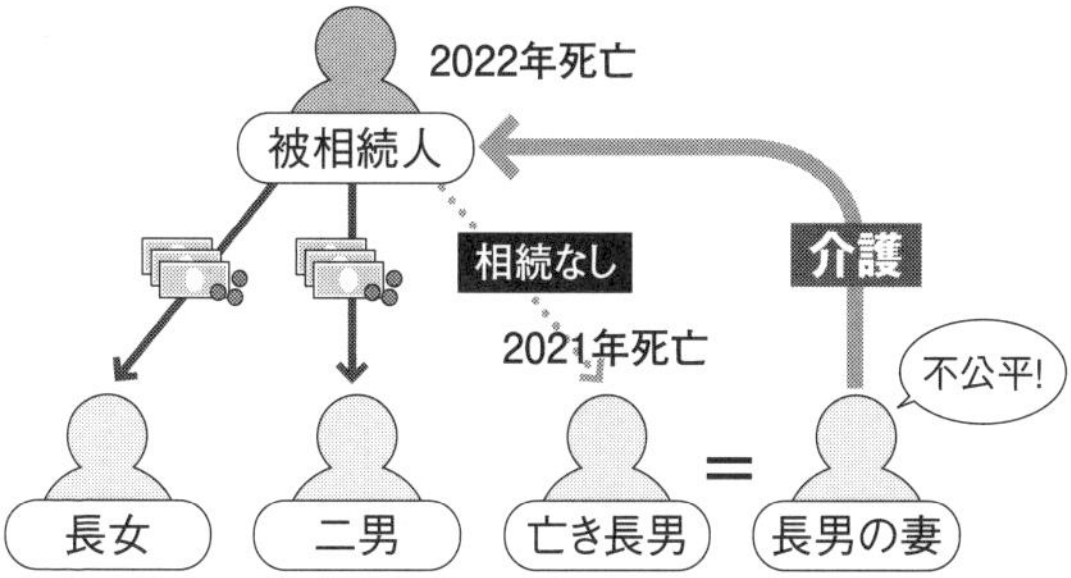

◎被相続人が死亡した場合、相続人(長女・二男)は、被相続人の介護をまったく行っていなかったとしても、相続財産を取得することができる。

◎他方、長男の妻は、どんなに被相続人の介護に尽くしても、相続人ではないため、被相続人の死亡に際し、相続財産の分配にあずかれない。

改正後

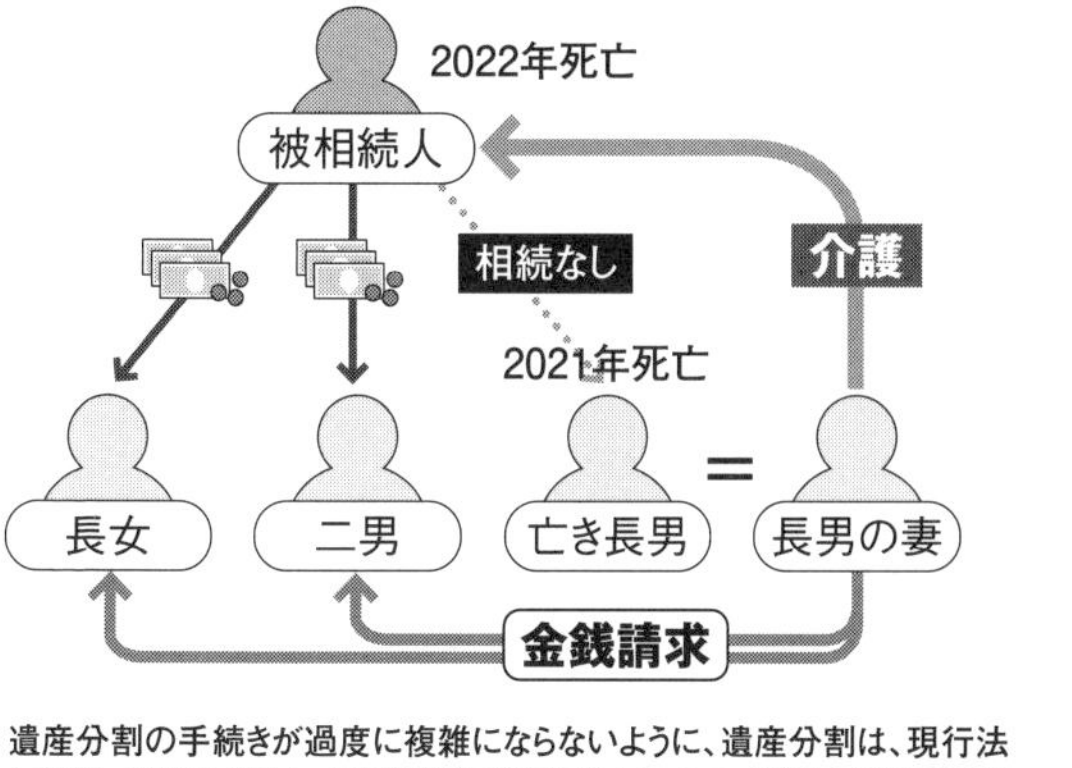

＊ 遺産分割の手続きが過度に複雑にならないように、遺産分割は、現行法と同様、相続人(長女・二男)だけで行うこととしつつ、相続人に対する金銭請求を認めることとしたもの。

これにより、長男の親の介護をした長男の妻は、相続人である長男の兄弟に対して金銭の請求をすることによって、財産を受け取ることができるようになったというわけです。

6 故人の預貯金を引き出すことが可能に

亡くなった人の預貯金は、遺産分割協議が終わるか、あるいは相続人全員の同意がないと引き出すことができません。そのため、相続が発生した後に、葬儀費用や医療費など、緊急で必要な資金を引き出せないことがあるという問題がありました。

そこで、今回の法改正によって2019年7月1日以降は、一定額については**相続人が単独で引き出すことができるようになりました。**

預貯金を引き出すには、①金融機関に直接依頼する方法と、②家庭裁判所に申し立てをする方法の2つがあります。

①の「金融機関に直接依頼する方法」には、金融機関ごとに、

預貯金残高×1／3×相続人の法定相続割合

という上限額があり、かつ1つの金融機関から引き出せる上限額は150万円となっています。

②の「家庭裁判所に申し立てをする方法」は、上限額は法定相続分（45ページ）となるため、①よりも上限額は大きくなりますが、裁判所への申し立て手続きが煩雑なことや引き出しが必要な理由が必要になるというデメリットもあ

ります。

そのため、引き出したい額やその使途によって①と②を使い分ける必要があります。

第2章

事前準備

相続の準備をはじめよう

みなさんが亡くなると、お子さんを中心にご家族はまず、**死亡届を役所に提出**し、**葬儀**の手配を行い、葬儀をすませ、**お墓の手配**……と慌ただしい日々を過ごします。

これが落ち着くと、今度は**財産の相続**やその他の**事務手続き**に入ります。このように、家族にとって相続は、実は想像以上の気力と体力を使うものです。

ちなみに「相続の手続き」で、ご家族の方からご相談を受けるのは、

- **遺言書があるかないかわからない**
- **遺言書があると聞いていたのに、どこに保管してあるかがわからない**

・どんな財産があるのかわからない
・金庫があるが開かない

など、本当にさまざまです。

たとえば金庫ひとつとっても、開け方がわからないと、それだけで家族は業者を呼ばなければならないので、手間やお金がかかりますし、あるのかないのかさえわからない遺言書を探すとなると、それはまったくもって至難の業です。

このようなことが起こらないよう、できればみなさんが元気なうちに家族のことを考え、**みなさん自身でできる限りの準備ができると、残された人が困ることはありません**。さらには最後まであなたが配慮をしたことに、家族は感謝の気持ちをもつでしょう。

そこで本章では、相続にまつわる手続きのうち、みなさんが事前にできることと、やっておくべきことをご紹介していきます。

相続とは？

その前に、「相続とは何か」について、少しご説明しておきましょう。

「自分の財産を生きている間に子どもに相続させたい」。相続の相談を受けるときに、よくこのようなお話をいただきます。気持ちはよくわかるのですが、生きている間は財産を**相続**させることはできません。

相続とは、亡くなった人の財産を残された家族が引き継ぐこと。

ですから、自分の財産を相続させるためには、自分が死ななければならないということです。

ちなみに、このとき財産を相続させる人（あなた）を**「被相続人」**、財産を引き継ぐ人を「**相続人**」といいます。

これに対して、生きている間に財産を人にあげることを「**贈与**」といいます。これなら亡くなる前に財産を引き継ぐことが可能です。

相続も贈与も自分の財産を他の人に引き継ぐという意味では同じですが、相続はみなさんの財産をみなさんが亡くなったあとに引き継ぐのに対し、贈与は生きている間に引き継ぐという点で異なります。

また、贈与は自分があげたい財産だけをあげることができますが、相続は通常、自分のすべての財産を引き継がせることになります。ですから相続の場合は、現金や預金、不動産といった**プラスの財産だけでなく、借金などのマイナスの財産もその対象となります**。

相続の場合は相続税、贈与の場合は贈与税という税金がかかり、相続税と贈与税では大きく異なります。賢く財産を引き継がせるなら、こうした知識も必要です（詳細は第4章で説明します）。

誰が財産を相続できるのか？

みなさんが財産を相続させる相続人は、さまざまなケースで法律で定められています。法律で定められた相続人を**「法定相続人」**といいます。

まず、あなたの夫または妻（配偶者）は必ず法定相続人になります。

それ以外、法定相続人になれるのは、あなたの子ども、あなたの両親、あなたの兄弟姉妹です。ただし、**全員がなれるわけではありません。**

そこには優先順位があり、配偶者以外は、

1位……子ども
2位……父母
3位……兄弟姉妹

法定相続人のルール

配偶者以外は、一番順位が上の人だけが
法定相続人になれる

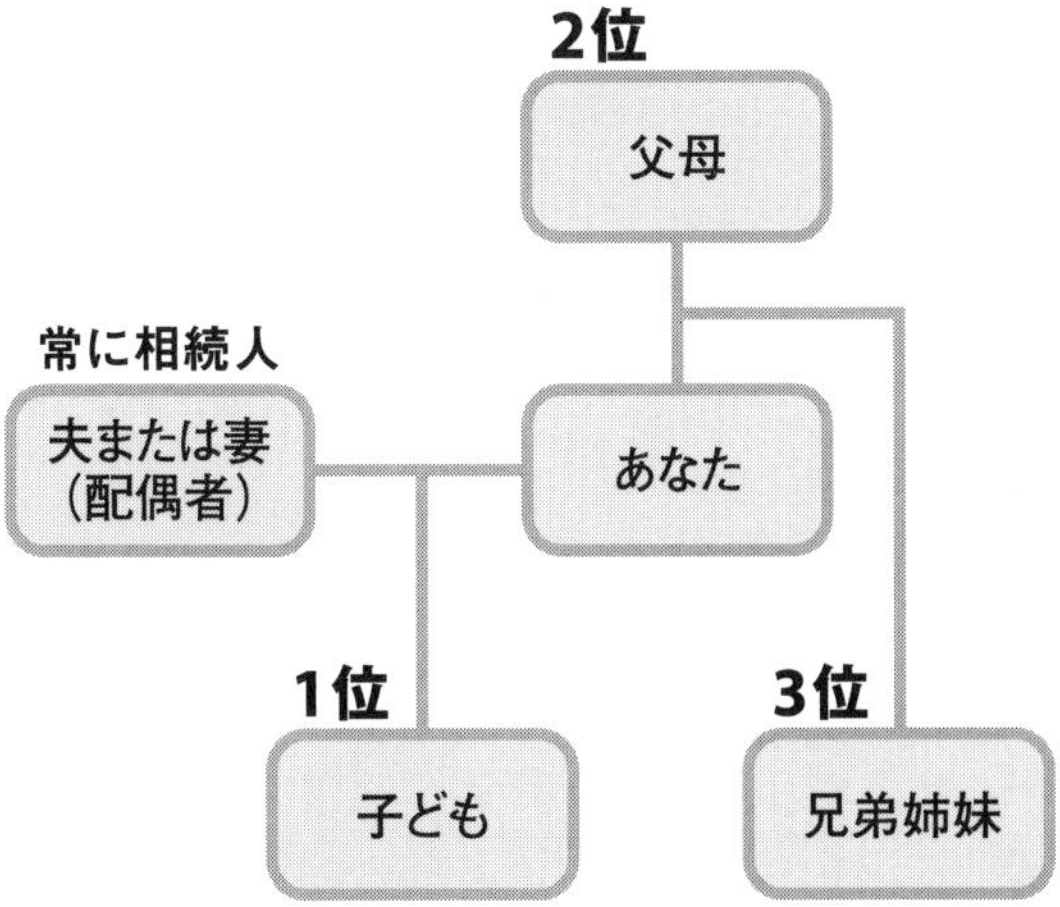

子どもがいる場合

① 配偶者と子どものみが法定相続人となる。

② 配偶者がすでに亡くなっている場合は、子どもだけが法定相続人となる。

の順で優先権をもっています（**順位が一番上の人しか相続人にはなれないという意味です**）。

あなたに子どもがいる場合、あなたの配偶者と子どもが相続権をもちます。この場合、あなたの両親や兄弟姉妹には相続の権利がありません。**法律では、配偶者をのぞくと原則として血のつながっている人しか相続できない**ことになっていて、血のつながりが濃い人ほど、優先的に相続ができる仕組みになっているのです。

もしもみなさんに子どもがいなければ、みなさんの親。もしもすでにご両親もともに亡くなっていれば、みなさんの兄弟姉妹に相続権があることになります。つまり、配偶者と子、あるいは配偶者と親、配偶者と兄弟など、配偶者以外は属性が1つに限られ、二者で相続するということです（配偶者が亡くなっていたら、子のみ／親のみ／兄弟のみです）。

みなさんの子どもが亡くなっている場合で、その亡くなった子どもに子ども（つまり、みなさんの孫）がいる場合には、子どもの相続権はそのまま孫に引き継がれることになります。これを**「代襲相続《だいしゅうそうぞく》」**といいます。

そのほか、**養子や胎児**（お腹の中の赤ちゃん）、**認知した子**（愛人との子など）は法定相続人となれますが、**配偶者の連れ子、子どもの配偶者**などは、みなさんと法律上の血縁関係がありませんから法定相続人にはなれません。

もし、配偶者の連れ子や子どもの配偶者を法定相続人にしておきたければ、自分の養子にする必要があります。

また、愛人や内縁の妻（夫）は、みなさんと法律上の夫婦になっていないため、法定相続人にはなれません。

財産はどうやって分けるのか？

相続をするお子さんの側から、よく次のような質問を受けます。

「兄が、自分は長男だから自分の好きなだけ相続できると言っています……」

「嫁に出てしまった私は、両親の財産を相続できないのでしょうか？」

お子さん方は口には出さなくても、相続したときの自分の取り分について、関心があるものです。

ちなみに法律では、相続人が誰かということとともに、相続人それぞれの取り分が決められています。この取り分のことを「**法定相続分**」といいます。

法定相続分とは？

順位	第１順位	第２順位	第３順位
法定相続人と法定相続分	①配偶者 1/2 ②子ども 1/2	①配偶者 2/3 ②父母 1/3	①配偶者 3/4 ②兄弟姉妹 1/4
備考	配偶者がいなければ子どもがすべて相続する	配偶者がいなければ父母がすべて相続する	配偶者がいなければ兄弟姉妹がすべて相続する

例）夫婦と子ども2人の場合

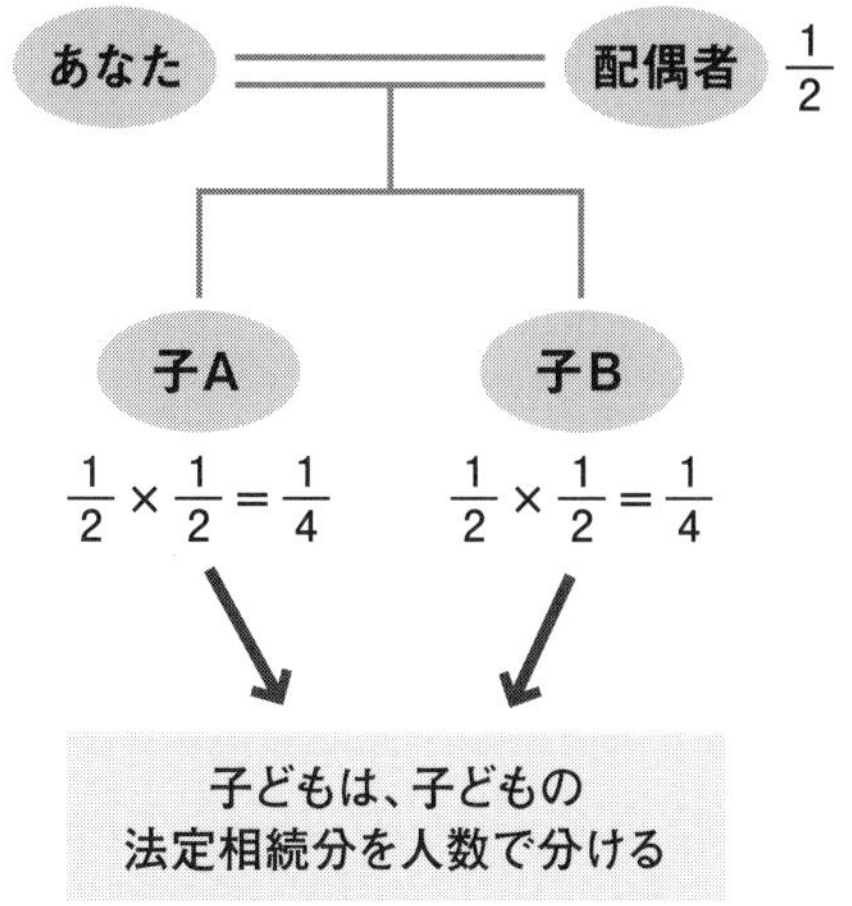

相続人が1人であれば、その人がすべての財産を相続することになるので、何も争いは生じません。

しかし、ほとんどの相続では配偶者と子ども（いれば複数）の間で財産を分けることになりますので、分けるときに少しでもトラブルをなくすために、それぞれの取り分が定められているというわけです。

先の図にある通り、たとえばみなさんに子どもが2人いたとしたら、長男もお嫁にいった娘さんも「子ども」ということで、法律上、取り分は同じになります。

ただし、ここまでは混乱を避けるために、明確な説明を避けてきましたが、実は法定相続分というのは、法律で定められているとはいっても、**財産を分けるときにもめた場合の1つの基準**として示されているもので、**実際にはその通**

りに財産を分けなければならないというものではありません。

では、実際にはどのように財産の取り分を決めるか（これを「遺産分割」といいます）というと、**それはあなたが残す遺言書によって決まります。**

遺言書がある場合には、基本的に遺言書にしたがって財産を分けることになります。

遺言書がない場合には、法定相続人が自分たちで話し合いをして、取り分を決めていきます。このとき、よく参考にされるのが先の法定相続分というわけです。

ですから、みなさんが遺言書を残すか残さないかということは、とても大きな問題になるのです（詳細は第3章にゆずります）。

「財産」を子どもに伝える

残された家族は、みなさんがどんな財産をもっているのか、案外知らないものです。

そこでまずは以下につき、きちんとお子さんに伝えることが大切です（配偶者が相続の手続きをすることもありますが、本書では以下、子どもがあなたの相続手続きをするものとします）。

- **銀行の口座**
- **証券会社の口座**
- **所有している不動産**（土地や建物など）

・**借金の有無**
・**生命保険**
・**ゴルフ会員権**（など）

たとえば銀行の口座などは、昔は子どもが金融機関に問い合わせれば、すぐに教えてくれましたが、今は時代が違います。口座1つを調べるにもお子さんが問い合わせをしたところで簡単には教えてくれませんし、書類を1つひとつそろえなければなりません。

このように、財産を探すのは、子どもにとって相当手間のかかる作業になります。

「俺の死んだあとの財産の話をするなんて、縁起が悪い！」
「俺を殺すなんて、不謹慎だ！」

このようなことをおっしゃる方は実は非常に多く、相続の話や遺言書の話を子どもから切り出されると、親子関係がぎくしゃくすることが多いようです。財産は、親子が一緒に暮らしていればある程度はわかるかもしれませんし、みなさんも多少は話をしているかもしれません。しかし、**親子が離れて暮らしているると、お子さんは親の財産など知る由もありません。**

このような状態でみなさんが亡くなると、お子さんは家の中のタンスや引き出しを1つひとつ開けて探し回ったり、取引のありそうな銀行に問い合わせをしたりするなどして、財産を探さなければならなくなります。

預金ひとつとっても、通帳があればまだ御の字ですが、もしみなさんがネット専用銀行を利用していたとしたら、通帳もありませんし、書類を一切郵送してこない銀行もありますから、子どもが財産を探し当てるのは相当難しくなってしまいます。

財産がわからないと、子ども同士がもめてしまうこともあります。

みなさんの過去の収入や現在の生活環境から、お子さんたちはある程度、みなさんの財産がどれくらいか想像しています。

しかしみなさんが亡くなったとき、思っていたよりもお金が残っていなかったら（たとえば、預貯金は５０００万円くらいあるだろうと思っていたら、実際には１０００万円だったなど）どうでしょう。

お子さんたちは「もっと財産があるはずだ」と感じ、「兄弟が財産を隠しているかもしれない」と思ったり、「誰かが生前にもらって使ってしまったのではないか」と疑います。そして、**兄弟でももめる**のです。

このような争いを避けるためにも、元気なうちにぜひ、自分の財産にはどのようなものがあるかを、家族に伝えるようにしてください。

保管場所を子どもに伝える

どのような財産があるかをお子さんに伝えておくことは大事ですが、実際に相続の手続きをすすめるにあたっては、それらの財産が**どこにどのような状態であるかを伝えることも大切**です。

「自宅に現金が５００万円ある」と伝えても、それがどこにあるかわからなければ、お子さんはこれを見つけることができませんよね？

「金庫の中にある」のか、「洋服ダンスの中に隠してある」のか、具体的にどこにあるかがわからなければ、最悪の場合、５００万円がムダになることだって考えられます。

同様に、たとえば生命保険に入っていたとしても、それがどこの保険会社の保険なのかがわからなければ、子どもは死亡保険金の請求手続きをすることができません。

ちなみに、**「保険証券」**がどこにあるかはご存じですか？

みなさんの中には、「契約はしたものの、証券がどこにあるかわからない」という方も少なくないかもしれません。請求手続きはこの「証券」があればすぐにできますが、これがなければ（子どもにとってはその所在がわからなければ）、保険会社から何かの機会に通知が郵送されてくるまで、どこの保険会社とあなたが契約していたかわかりませんし、当然手続きすることもできません。

ですから、子どもに保険金を受け取らせるには、保険証券がどこにあるかをきちんと伝えることも重要です。

このように財産は、「子どもに残すこと」も大事ですが、「子どもが財産をすぐに使えるようにすること」も、同じくらい大切です。

財産相続の準備については、自分がいなくなったあとでも子どもがちゃんとわかるようにしておくことです。

事前に子どもに口頭で伝えてもかまいませんし、リストを作成し、自分の死後は、そのリストを見るよう伝えてもいいでしょう。

本書の巻頭に**「親がやることとぜんぶシート」**が付いていますので、これを使って、必ず自分の財産のリストや関係する書類をまとめるとともに、子どもにその所在を伝えるようにしてください。

財産と必要書類等

財産の種類	必要書類等
現金、 貴金属など	金庫のカギ 貸金庫のカギおよび暗証番号
預貯金	預金通帳 届け出ている印鑑 キャッシュカード（暗証番号） 定期預金証書 ネット銀行のログインIDおよびパスワード
有価証券	取引残高報告書 ネット証券のログインIDおよびパスワード
土地、建物	所在地の住所 登記簿謄本および公図 測量図 賃貸している場合は賃貸借契約書 固定資産税課税明細書 買ったときの売買契約書
借入金	借用書または契約書 返済予定表
生命保険	保険証券
ゴルフ会員権 など	会員証書

戸籍を集める

子どもが苦労するのは、財産の特定だけではありません。

もう1つ相続のときに困るのが、銀行や証券会社、不動産などの**名義書き換えの手続き**です。

預金や不動産などの名義は、今はみなさんの名前になっていますが、相続のあとは、名義を相続したお子さんの名前に変えることになります。

この手続きは、各々必要な書類が違いますから大変です。

なかでも残された家族が集めるのが特に大変なのが、実は**みなさんの戸籍関係の書類**です。

預金や不動産の名義書き換えの手続きをするためには、法定相続人が誰かということを確定させる必要があります。

なぜならば、名義書き換えの手続きをしたあとで、実はみなさんに、**認知している隠し子がいた**などということが生じると、手続きをやり直さなければならなくなってしまうからです。

そこで、子どもは名義変更手続きの際に、みなさんに他の相続人がいないということを証明するために、みなさんが生まれてから亡くなるまでのつながりがわかる、連続した戸籍謄本を提出することを要求されます。

現在のみなさんの戸籍は、みなさんが結婚をしたとき、親の戸籍から出て、夫婦で新しくつくったものです。ですから、少なくともみなさんが生まれてから亡くなるまでの連続した戸籍謄本を取ろうとすると、みなさんが結婚する前の親の戸籍から調べなければなりません。

みなさん自身やみなさんのご両親が離婚をしているなど戸籍が複雑な場合は、お子さんはこれを探し求めるのにとても苦労します。

１９９４年以降、戸籍が従来の手書きのものから電子化がすすんできていますが、紙ベースではあった情報でも、電子化されていないものがあります。同じようなことが１９５７（昭和32）年にも一度起こっていますから、より手続きは煩雑です。

そこでお子さんのことを思うなら、**自分が生まれてから今までの戸籍謄本を一式そろえておく**ことをおすすめします。そうすると、お子さんはみなさんが亡くなっても、市区町村で最新の戸籍謄本さえ取得すれば名義書き換えの手続きができることになり、非常にスムーズに手続きがすすめられます。戸籍謄本に有効期限等はありませんから、今すぐ取り寄せの準備をすることができます。

戸籍謄本とは？

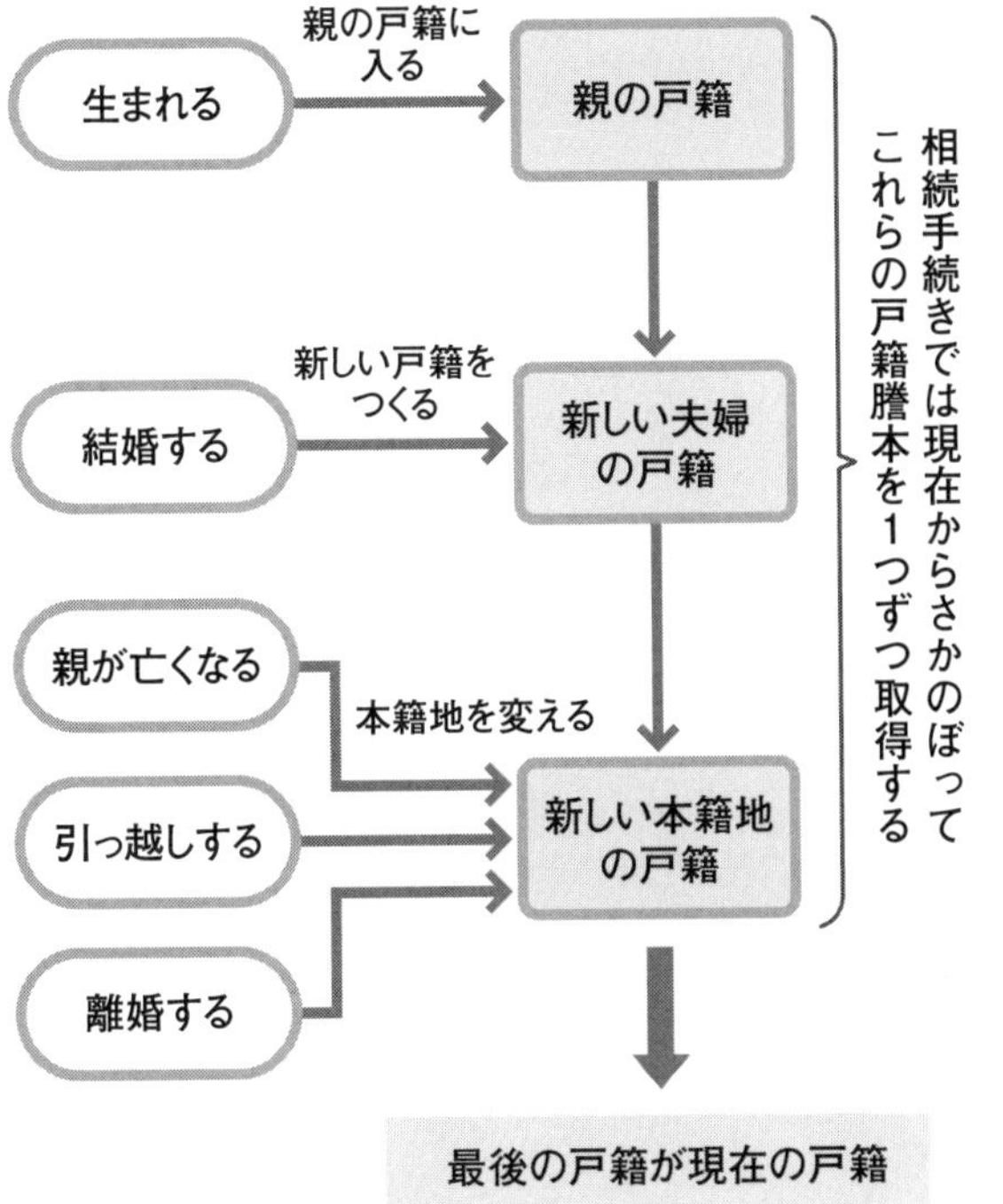

生まれる
親の戸籍に入る
親の戸籍
結婚する
新しい戸籍をつくる
新しい夫婦の戸籍
親が亡くなる
本籍地を変える
引っ越しする
離婚する
新しい本籍地の戸籍
相続手続きでは現在からさかのぼってこれらの戸籍謄本を1つずつ取得する
最後の戸籍が現在の戸籍

もし借金があったら？

相続は先述した通り、すべてのプラス財産とともに借金などのマイナスの財産もその対象となります。

ですから、たとえば事業に失敗して多額の借金を負ってしまい、プラスの財産よりもマイナスの財産が多い場合は、家族に相続をさせてしまうと残された家族が借金の返済をしなければならないことになります。

子どもたちからしてみると、「借金が多いなら相続をしたくない」ということになりますが、このような場合は、**相続をするかしないかを、相続人が自分で決めることができます。**

相続にはプラスの財産もマイナスの財産もすべてを相続する「**単純承認**」のほか、相続人が財産を相続しなくてすむ方法として、「**相続放棄**」または「**限定承認**」があります。

「**相続放棄**」とは、プラスの財産もマイナスの財産も、一切相続をしないということで、相続人それぞれが単独で決めることができます。

「**限定承認**」とは、プラスの財産を限度に、マイナスの財産の支払いをするという方法。プラスの残りがあれば相続をし、マイナスが残れば相続しないということで、こちらは相続人全員が合意したときだけ選択することができます。

相続放棄や限定承認をする場合は、相続を知ったときから3か月以内に裁判所に申述しなければならないことになっています。

もしも3か月以内に手続きをしないと、自動的に「単純承認」したものとみなされ、子どもには借金も相続、返済させることになります。

「そんなことなら、自分が生きている間に、事前に子どもに相続放棄をさせたい」と思うでしょうが、子どもたちにはみなさんが亡くなって初めて相続の権利が発生するので、相続する権利のない間（あなたが生きている間）は対策ができません。

そこで、もし借金が多くて子どもにそれを負わせたくないなら、事前に子どもには相続放棄をするよう伝えておき、いつか相続が発生したら、**3か月以内に必ず相続放棄の手続きをする**ように言っておきましょう。

相続の３つのパターン

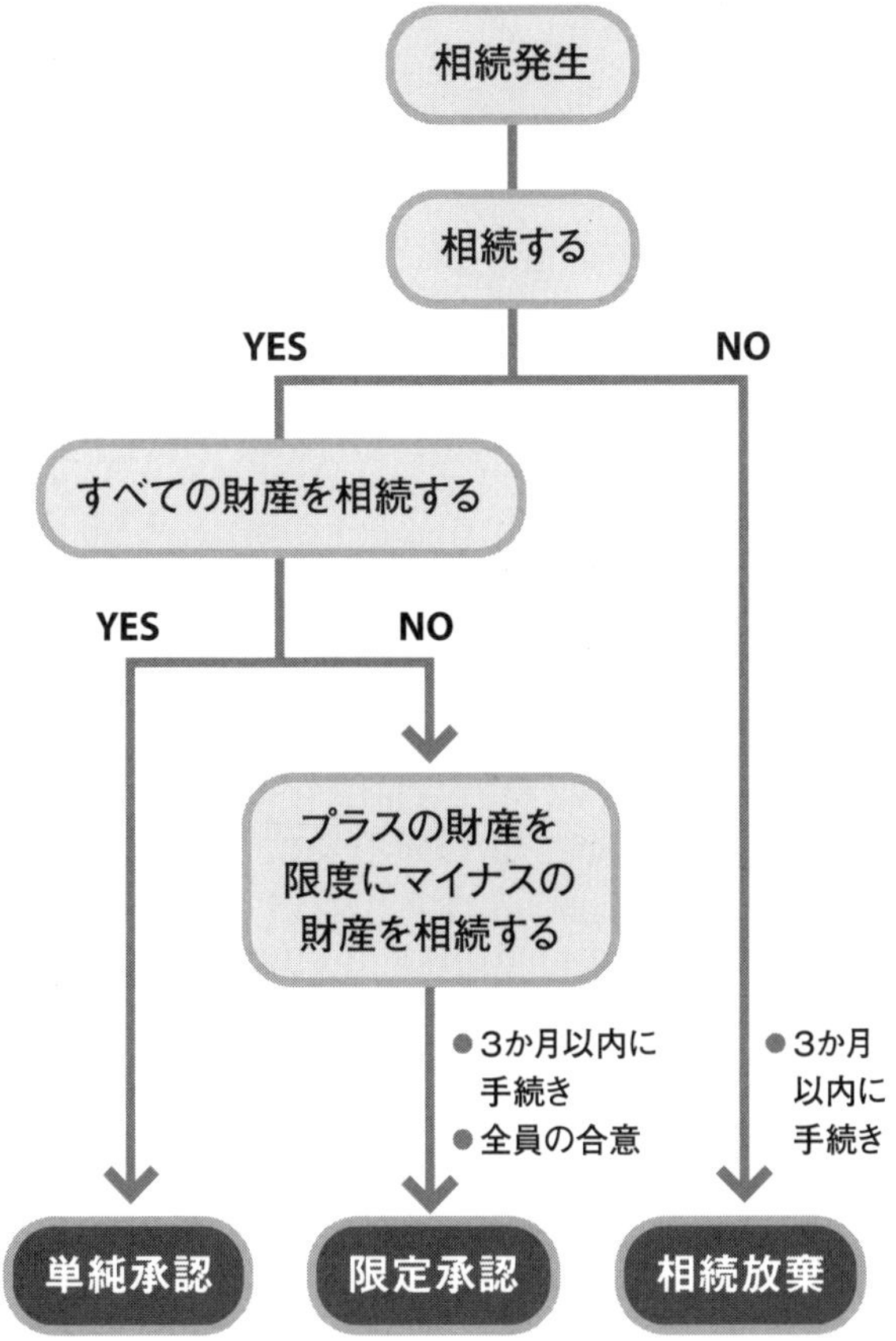
相続発生
相続する
YES
NO
すべての財産を相続する
YES
NO
プラスの財産を限度にマイナスの財産を相続する
●3か月以内に手続き
●全員の合意
●3か月以内に手続き
単純承認
限定承認
相続放棄

相続させたくない子どもがいるなら

代々受け継いできた財産であれば、孫の代まで残してほしいと思うでしょうし、自分が築いた財産は子どもに有効利用してほしいと思うでしょう。

でも、子どもの中に、**ろくに仕事もせず、ギャンブルで借金をつくっては、そのたびに自分が肩がわりをしてきたような子ども**がいたらどうでしょう。たとえ自分の子でも、「この子には財産を残したくない」と思うかもしれません。

このような場合は、一定の手続きを踏むことで、その子どもの相続権を失わせることができます。これを「**相続廃除《はいじょ》**」といいます。

無条件に相続廃除をすることはできませんが、以下の条件を満たせば認められます。

- **あなたに対する虐待があった場合**
- **あなたに重大な侮辱を与えた場合**
- **あなたの財産を不当に処分したり、賭博などでつくった多額の借金をあなたに支払わせたなど、著しい非行があった場合**

このような場合は、家庭裁判所に請求するか遺言書に意思表示をすることで、相続廃除を申し立てることができ、裁判所が認めたときにはその子どもは財産を相続できなくなります。

もしも、残念ながらこうした希望がある場合は、事前手続きが可能ですので弁護士や司法書士など専門家に問い合わせをしてみてください。

相続手続きの期限は？

以上が相続においてみなさんができる、大まかな「事前準備」になりますが、実際に相続がはじまった場合、そのスケジュールで子どもが一番きついと感じるのが、**相続税の申告**です。

子どもは相続開始日（みなさんが亡くなった日）の翌日から**10か月以内**に、相続税の申告をしなければなりません。

相続税の申告をするには、誰がどの財産を相続するかが決まっていなければなりません。つまり、子どもたちは10か月以内に遺産分割を完了させないと、相続税の申告に間に合わないということです。

申告期限に間に合わないと、お子さんはさまざまな相続税法の特典が受けられなくなったり、税金のペナルティを支払わなければならなくなります。

申告作業をスムーズにさせるためには、これまでにお話ししてきたように、①財産とその保管場所を子どもに伝える、②相続に必要な情報を伝える、③戸籍を収集する、などが必要になります。みなさんが事前にこれらの準備をすませていれば、子どもはスムーズに申告をすすめられます。

ただし、相続税の申告をしなければならないのは、財産が前回改正のあった基礎控除額（第4章でお話しします）を上回る方のみです。

それ以外の方については、あわてる必要はありません。実は**これらの方については極端なことを言えば、相続の手続きに期限はない**のです。

たとえばお子さんが、あなたの財産を10年、20年と放っておいても、実際のところ問題は発生しません。

ただし、いざ手続きをしようとするときに面倒なことになりかねないので、できるだけ速やかに手続きをしたほうが、安心であることは伝えましょう。

では次の章から、各論に入ります。

第3章

遺言書で迷惑かけない

遺言書とは？

遺言書とはその名の通り、みなさんの遺言を書面にしたものです。遺言書があれば、相続はそれにしたがってすすめられます。

遺言書とは法律的に、誰にどの財産をどれだけ相続させるかを伝えるものです。

「誰にどれだけの財産を相続させるか」については、法定相続分にしたがわなければならないと勘違いされている方が多いのですが、先にもお伝えした通り、遺言書の内容は法定相続分に優先することになっています。また、

「自分の財産は法定相続分ずつ相続させればいいから、自分は遺言書を書かな

い」

という方もいらっしゃいますが、これも先述した通り、遺言書がない場合は自動的に法定相続分で財産を分けることになるわけではなく、法定相続人全員が話し合い（これを「**遺産分割協議**」といいます）をして、それぞれの取り分を決めることになります。

みなさんの財産が法律で自動的に分割されれば、家族がもめるようなことはありませんが、取り分をみんなの話し合いで決めるとなると、**相続はまずもめると思ってまちがいありません**。

ですから、子どもに迷惑をかけたくないなら、いずれの場合もやはり遺言書を書くことを、本書ではおすすめしたいと思います。

遺言書で財産をすべて洗い出し、誰に何を相続させたいかをあなた自身が指定すれば、みなさんにとっても財産を、希望通り引き継がせることができますし、**この遺言書を書けば、法定相続人以外にも財産を遺すことができます**（遺言書がなければ、法定相続人しか財産を相続することができません）。

たとえば、基本的にはお子さんの配偶者は法定相続人にはなれませんが、「自分の面倒をよく看てくれた長男の妻には、少しでも財産を遺したい」と思うなら、その旨を遺言書に書けば、法定相続人ではない長男の妻にも、財産を遺すことができます。

そういえば、

「犬に財産を相続させたいのですが、遺言書を書けば可能でしょうか？」

という質問を受けたことがあります。

ペットを家族同然に思っている方も多く、個人的にはペットに財産を相続させることができても不思議ではない気もしますし、海外ではペットに財産を相続させる方法もあるようですが、**残念ながら日本の法律上、相続ができるのは「人」だけで、ペットに財産を相続させることはできません。**

ペットに財産を相続させたいと真剣に考えるなら、自分がいなくなったあとにペットの世話をしてくれる人に財産を相続させる、もしくはペットの世話をしてくれることを条件に財産を遺すというのが代案でしょうか。

もしもペットの世話をしてくれる人が法定相続人でないなら、遺言書でその人に財産を遺す、あるいは世話をしてくれるのが法定相続人なら、ペットの世話分の金額をプラスして相続させることを記載すれば、希望がかなうかもしれませんね。

財産が少ない人は、遺言書を書かなくてもいい？

「遺言書を書くなんて一部の大金持ちの話。自分とは関係ない」

こんなふうに思っている方も多いのではないでしょうか。

確かに「預金」に「株式」に「不動産」……と、相続させる財産がたくさんある場合には、誰にどの財産を相続させるかを考えている人は多いでしょう。

その一方で、「残っている財産は預金が１０００万円だけ。今は年金で細々と生活している」という方は、相続についてそれほど考えていないかもしれませんね。

しかしながら、**相続で子どもたちがもめるかどうかは、みなさんの財産の多寡とはまったく関係ありません。**

相続する財産が多くても少なくても、相続争い、いわゆる**「争族」**は発生するのです。

「平等に分けよう」という意志がお互いにあっても、「何が平等なのか」についてはお互いの感覚によって違いますから、相続人間の遺産分割協議ではどうしてもまとまらないケースが多いのです。ちなみに、

家庭裁判所で行われた遺産分割調停のうち、相続財産が5000万円以下の案件が全体の約75%を占めている

というデータもあります。子どもたちによる「骨肉の争い」は、親として、なんとか避けたいところですよね。

人というのは、たとえ財産が1000万円しかなくても、やっぱりもらえるものは欲しいのが本音です。

あなたの財産が1000万円でも10億円でも、相続する子どもたちにとっては変わらない、むしろ金額が小さいからこそ、**取り分の差にリアル感があって、もめるケースが多い**と言えます。

兄と弟の相続額の差が、それぞれ4億円と6億円であるならば、少ないほうでも「4億円もらえればいいか」という気持ちになるかもしれませんが、これが400万円と600万円というリアルな差になると、子どもたちはどうしてもその**200万円の差**が許せなかったりするものです。

また、預金のように簡単に分けられる財産だけならいいですが、不動産のように分けにくい財産もあります。

不動産が複数あれば、相続人それぞれに相続させることもできるでしょうが、

不動産が1つしかないような場合には、誰がどのようにその不動産を相続するかというのは、なかなか難しい問題です。そんなとき遺言書があれば、「遺言通りに分ける」ことで、もめる可能性がかなり減ります。

また、遺言書があれば、誰が相続するかが明示されていますから、遺言書に沿って、預金や不動産などの名義書き換え手続きができます。

しかし、遺言書がない場合には、ほとんどの場合、どのように遺産分割をしたかを記載した書面（「遺産分割協議書」といいます）を作成して、法定相続人全員が、実印で押印をしなければなりません。

この遺産分割協議書は、ひな型を見ながら自分で作成することもできますが、難しい書類なので弁護士や司法書士などに依頼するケースもあります。

このような手間を省いてあげるためにも、財産の多寡にかかわらず、遺言書をつくることをおすすめしたいと思います。

遺言書通りに相続されない場合もある!?

遺言書は法定相続分より優先されますから、遺言書を書いておけば、自分の考え通りに財産を相続させることができると言われています。しかし実は、**必ずしも１００％そうではない**ことをお伝えしなければなりません。

意外と知られていないのですが、遺言書に書いてある財産を相続する人が法定相続人だけの場合（このパターンがほとんどですよね）、**法定相続人全員の合意があれば、あなたが書いた遺言と違う分け方で相続をすることができます。**

あなたが書いた遺言の内容と、子どもたちの気持ちが違うこと——たとえば、あなたが「奥さんに自宅、長男には預金、二男には株」という遺言を書いたとしても、当人たちは「奥さんは預金、長男は株、二男は自宅」が欲しいことってありますよね？

このような場合、ご家族は、必ずしもあなたの遺言にしたがう義務はありません。3人が話し合って合意すれば、自分たちの思い通りに相続をすることができるのです。

また、せっかくあなたが遺言書で「兄弟仲良く半分ずつ財産を分けるよう」に書いたとしても、兄弟間で「長男にすべて相続してほしい」という合意があったら、すべての財産を長男が相続することもできます。

あなたの遺志も、相続人たちの合意には勝てないということも、知っておいてください。

遺言書を書く①

手書きの遺言書を書く場合

遺言書には、

①自筆証書遺言
②公正証書遺言
③秘密証書遺言

の3つがあります。ここではまず、①の「**自筆証書遺言**」をご紹介します。

【自筆証書遺言】

おそらく、みなさんが「遺言書」と聞いて想像するのは、テレビドラマで見るような、タンスの中にしまってあって、封筒を開けてみると手書きで文書が書いてある遺言でしょう。これを「自筆証書遺言」といいます。

自筆証書遺言とは、文字通り、自分で書いた遺言書のことです。

このうち、財産の内容を示す「財産目録」については、パソコンでの作成が認められるようになりましたが、それ以外の部分についてはすべてを自分で書くのがポイントになります。

一部でも他人が代筆したり、パソコンで作成したりしてあると無効になり、遺言としての効力をもたなくなってしまいますので、注意が必要です。

この自筆証書遺言は、

・手軽にいつでも書ける

・内容を秘密にすることができる
・お金がかからない
・証人がいらない

ことから、遺言書を書こうと思ったとき、一番書きやすい遺言書になるかもしれません。

遺言書を書く紙も特に決まっていません（長い年月保存されることを考えれば、耐久性のある和紙や便せんなどがよいとされています）。

このように自筆証書遺言は、書くのは簡単ですが、一方で欠点も多いです。

そもそも遺言書は、決められた形式が整っていないと法律的に無効になってしまいます。たとえば、これはどの遺言書でも共通ですが、

・日付がない

・不動産の所在地の記載方法が違う

などがあっただけでも、効力がなくなってしまいます。

ですから、自分で書いて誰にも見せていない遺言書の場合、すべて形式が整っているかどうかは、相続人が遺言の内容を見てみないとわからないことになってしまいます。

そこで、できることなら、弁護士や司法書士などの専門家に一度見てもらい、法的に有効なものであるという確認を取っておけると安心です。**弁護士や司法書士は、身近な人に紹介してもらうのが一番いいでしょうが、あてがない場合は、地域の弁護士会や司法書士会に電話をして紹介してもらうこともできますし、日本司法支援センター（法テラス）で紹介してもらうこともできます。**

自筆証書遺言は、偽造・変造されないよう、子どもが親の遺言書を見つけたら、家庭裁判所で記載内容をそのまま保存する手続き（「**検認**」といいます）を受けなければなりません。これは、家庭裁判所の係官が立ち会って、相続人と一緒に遺言書の中身を確認するものです。

遺言書が封印されている場合（封をして印が押してあったり、「〆」「緘」「封」などと書かれている場合）には、**検認の前に封を開けてはいけないことになっています。**相続人が検認の前に封印された遺言書を開封すると、５万円以下の過料（罰金のようなもの）を支払わなければなりません。

仮に子どもが誤って開封してしまったとしても、遺言が無効になることはありませんが、あとで変造や偽造などをめぐって争いが起きてしまう可能性は否定できません。

封印がされていてもいなくても、検認の手続きは必要となりますので、**自筆証書遺言を書く場合には、遺言書を見つけたら裁判所の検認が必要になることは事前に子どもに伝えておく**といいでしょう。

また、検認の手続きを経なければならないという手間がかかるだけでなく、自筆証書遺言を使って子どもが名義書き換えの手続きをするためには、裁判所が発行する検認済みの証明書が必要になります。

検認の申請をしてから証明書が発行されるまでの手続きには、おおむね2か月ほどの時間を要するため、相続人たちは、財産を相続してもすぐに財産を遺言通りに分けることができません。財産を相続させてすぐに手続きをすすめさせたいなら、第1章で紹介した通り、法務局に遺言書を預けて検認の手続きが必要ないようにしておくことをおすすめします。

遺言書を書く②

公正証書遺言をつくる場合

自筆証書遺言にはいくつかの欠点がありました。
これを解消してくれるのが、「**公正証書遺言**」です。

【公正証書遺言】

公正証書遺言は、自筆証書遺言の欠点をほとんどすべて解決してくれる遺言書。３つの遺言書の中で、無効になる可能性が最も少ない確実な遺言書と言えるものです。たとえば、

・専門家が作成するため、遺言が無効になることがない

・原本が公証役場《こうしょうやくば》で保管されるため、紛失のおそれがない
・どこの公証役場でも検索をかけることができるため、遺言書があるかないかわからないとき探すことが簡単
・裁判所の検認手続きが不要

といったメリットがあります。

公正証書遺言は、公証役場というところに行って、「公証人《こうしょうにん》」という専門家に遺言書を書いてもらうものです。公証役場は全国各地にありますので、インターネットなどで調べれば、近くの公証役場が見つかります。

公正証書遺言をつくりたいと思ったら、まずはこの公証役場へ行って公証人と面談します。予約はしなくてもかまいませんが、受付順となるため、公証人の手が空いていない場合は待たなければなりません。したがって、予約をしたほうが無難でしょう。

公証役場では、公正証書遺言を作成したい旨を伝え、公証人に配偶者や子どもなど相続人の情報と自分の財産の情報、そしてどの財産を誰に相続させるかを伝えます。すると公証人は、みなさんの話した内容を書き起こして遺言書として書面にしてくれます。

書面にした遺言の内容は、公証人が読み聞かせて内容を確認するのですが、このとき、**証人が2人以上必要になります**ので、信頼できる人にお願いして、遺言書作成の際には同席してもらってください。もしみなさんが病気などで公証役場に行けない場合は、公証人を自宅や病院に呼ぶこともできます。

ただし、公正証書遺言を作成するには、**相続財産の価額に応じて費用がかかること**、そして証人が2人以上必要なため、**証人に遺言の内容を知られてしま**

うというデメリットもあります。

公正証書遺言の作成費用は、相続させる財産の額によりますが、相続させる財産が1000万円だと1万7000円、5000万円だと2万9000円、1億円だと4万3000円となり、さらに財産が増えれば手数料も増えていくことになります。

ですが、いざ相続が発生したときに検認の手続きがいらないため、子どもはすぐに財産を分けることができますし、遺言書の原本は公証役場で保管されるため、遺言書がなくなる心配もないメリットは大きいです。

遺された家族のためにひと手間かけるのが親の役目と考えるなら、できることならこの公正証書遺言を書くことを考えてみましょう。

遺言書を書く③

秘密の遺言書を書く場合

自筆証書遺言と公正証書遺言のちょうど中間くらいの遺言に、「**秘密証書遺言**」があります。その名の通り、遺言の内容を他人には見せず、自分だけの秘密にしておく遺言です。

自分で遺言を書いて封印するという点では、形式は自筆証書遺言と変わりませんが、違うのは**署名以外は自筆でなくてかまわない**ということです。

【秘密証書遺言】

手続きとしては、封印をした遺言書を公証役場にもっていき、2人以上の証人の下で公証役場に提出します。

封印された遺言書を提出するので、公証人も証人も遺言書の内容を見ることはありませんが、みなさんが書いた遺言書が「確かに存在する」ことを、彼らが証明してくれます。ですから、みなさんが亡くなったあとに、みなさんが本当に遺言を書いたのかどうかについて争うことがなくなります。

一方、誰も中身を見ないので、秘密が守られるというメリットはあるものの、

- **誰も中身を確認しないため、開封された遺言が無効になる可能性がある**
- **裁判所の検認手続きが必要である**
- **公証役場に行く手間や費用（一律1万1000円）がかかる**

ことから、かかる労力やコストの割に効果が少ないと考えられています。

そのためあまり利用する人はいませんが、自筆証書遺言と比べれば、遺言書の存在については、公証人によって保証されることになります。

保管場所を子どもに伝える

遺言書を作成したら、必ずそのことを子どもに伝えるとともに、3つのパターンの遺言書のうち、どれを書いたかも伝えるようにしてください。このとき、その保管場所も忘れずに伝えましょう。お子さんに「遺言を書いた」と伝えても、保管場所が特定できなければ、それは役に立ちませんよね。

遺言書はいずれの場合も、自分で保管することになりますが、公正証書遺言の場合は、万が一紛失しても公証役場に原本が保管されているので、見つからない場合には、公証役場に行くよう子どもに伝えておきましょう。

遺言があることを聞いていたのに見つからないと、**誰かが破り捨てたのでは**

ないか、という疑いを子ども同士がもつことも少なくありません。
それ以前に、書いたことさえ伝えなければ、子どもたちはもちろんそれに気づく由もありません。

遺言書の内容はお子さんたちも大変気になるところでしょうから、それが見つからないとなると、**お互いに不信感を抱いても不思議はない**ですよね。
ですから繰り返しますが、遺言を書いた場合には、必ず保管場所や保管方法を相続人に伝えるようにしてください。

どうしてもこれを伝えたくない場合は、金庫や貸金庫のように、自分がいなくなったら必ず子どもが確認するであろう場所に置いておいたり、何らかの形で場所が特定できるような工夫をするといいでしょう。

何度も遺言書を書き変えるのは○？　×？

遺言書を書いたあとに状況が変わったら困るから書きたくない、という方がいらっしゃいます。たとえば、

「遺言書の内容を子どもに伝えたら、子どもたちから大ブーイングを受けた」
「遺言書に記した相続人が、自分より先に他界した」
「遺言書に書いた不動産を売ってしまった」

などなど。でも、そんなときでも大丈夫。
遺言書は、何度でも書き直せることになっています。

遺言書には必ず作成した日付を書かなければならないことになっており、遺言書の形式を問わず、**一番新しい遺言書が効力をもつ**ことになっています。

ですから、将来自分の気持ちが変わると困るから遺言書を書かない、というのは正しい理解ではありません。

- 財産が増えたり減ったりした
- 娘が離婚して実家に戻ってきた

などのような場合に、そのつど遺言書を書き直している方はたくさんいらっしゃいます。

ただ、公正証書遺言の場合、公証役場に行って書き直すと、毎回費用がかかってしまうというのが難点です。ですが、これは大事なことですから、家族のことを思えば安いことかもしれませんね。

遺言書には気持ちを添えよ

遺言書は、財産を誰に遺すかを伝えるためにつくるものですから、法律で定められた事項以外の記述（たとえば、相続させる財産の使いみちなど）については法的な効力はありません。

ただ、みなさんがなぜこのような分け方で相続をさせようと思ったのかがわかると、子どもたちの気持ちは大きく変わるものですので、こうした気持ちを遺言書の最後に書くことをおすすめします（これを「**付言事項**」といいます）。

次のページにあるような簡単な言葉でも、あるのとないのとでは大違い。

仲のいい兄弟であればあるほど、親の気持ちがわかれば、多少不平等な相続でもトラブルは少なくなるでしょう。

遺言書の例

遺 言 書

遺言者である私□□□□は、次の通り遺言する

1. 長男の○○に次の不動産を相続させる。
   土地 所在 ××県××市×丁目
   地番 ××番××
   地目 宅地
   地積 ××㎡
   建物 所在 ××県××市×丁目××番地××
   家屋番号 ××番××
   居宅
   構造 木造
   床面積 ××㎡
2. 二男の△△に次の財産を相続させる。
□□銀行○○支店の遺言者名義の普通預金すべて
3. 上記以外の財産は、すべて二男の△△に相続させる。

この部分が付言事項

4. 付言事項

私は、できるかぎり2人に平等に相続をさせてあげたいという気持ちから、遺言書を書こうと決意した。まずはそのことを理解してほしい。自分なりには頑張ってきたつもりだが、十分なものを遺すことはできなかったかもしれない。それでも、できるだけ2人に平等に財産を遺せるよう、これからも贅沢はせずに暮らしていくつもりなので、いくばくかの財産を遺すことができると思う。せっかく私が遺した財産を巡って相続の時に兄弟2人でケンカをすることだけはやめてほしい。特に、不動産は2つあれば良かったのだが、残念ながら自宅しかない。将来、この自宅はずっと子孫に継いでいって欲しいから、自宅は長男の○○に相続させる。二男の△△には預貯金と生命保険が入るようにしておいたので、それで勘弁してほしい。自分の亡くなった後も兄弟仲良く力を合わせて暮らしていって欲しい。

令和××年××月×日
××県××市×丁目××番地××
遺言者 □□□□ (印)

「長男が一番かわいい」ときは？

「子どもたちはみんなかわいいから、平等に財産を遺したい」

誰もがこんな気持ちで遺言書を書けたら最高だと思います。というのも実は、遺言書について私が受ける相談で一番多いのが、子ども間の不平等な相続についてだからです。

「長男が一番かわいいから、長男に財産を遺したい」
「自分の面倒を看てくれた二男夫婦だけに財産を遺したい」
「あいつは嫌いだから、財産を遺したくない」

生まれてきたときは、目に入れても痛くなかったかわいいわが子にさえ、長い年月が経てば、さまざまな感情をもつものです。もちろん、親であるみなさんだって人間ですから、こうした感情があるのはしかたのないことです。

みなさんの財産はみなさんのものですから、こうした感情を抑えて、「兄弟で平等になるように財産を分けなければいけない」のかというと、決してそんなことはありません。

遺言では自分の意志で、自分が財産を遺したい子どもに遺していいのです。

ただし親として、子どもたちをもめさせないために多少の配慮は必要だと思います。たとえば、「長男に全財産を遺す」というような遺言をのこすと、子どもたちがもめる原因になるでしょう。

あるいは、みなさんの中には100％こうしたいという希望がある方もいらっしゃるかもしれませんが、そうであってもやはり「立つ鳥跡を濁さず」。最後はきれいにしたいものです。ちなみに相続では、

子は親の遺産について、最低限の取り分をもらえることが決まっています（これを「**遺留分**」といいます）。

本来であれば誰に相続させるかは、みなさんが自由に決められるはずなのですが、相続では、残された人が生活を維持できるよう配慮がしてあり、一定の割合で相続人それぞれに取り分が認められているのです。

これはパートナー（配偶者）も同じです。

あなたのパートナーは、あなたの財産について、あなたが望む、望まないにかかわらず、最低限の財産を相続できる権利をもっています。

遺留分とは？

◉法定相続人が配偶者と子ども2人の場合の遺留分

配偶者

$$\frac{1}{2} \times \frac{1}{2} = \frac{1}{4}$$

（$\frac{1}{2}$：法定相続分）

子ども

$$\frac{1}{2} \times \frac{1}{2} \times \frac{1}{2} = \frac{1}{8}$$

（$\frac{1}{2} \times \frac{1}{2}$：法定相続分）

◉法定相続人が子ども2人の場合の遺留分

子ども

$$\frac{1}{2} \times \frac{1}{2} = \frac{1}{4}$$

（$\frac{1}{2}$：法定相続分）

配偶者と子どもは法定相続分の$\frac{1}{2}$が遺留分となる

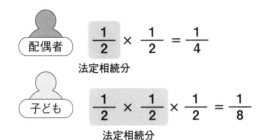

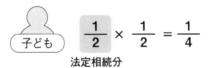

たとえば、「妻（夫）には財産を遺さず、すべて子どもに遺す」というような遺言があったら、奥さん（ご主人）はあなたの死後、生活できずに困ってしまいますよね。

ですから、このようなことが起こらないよう、パートナーにも子どもにも、最低限の取り分を相続できる権利が認められているというわけです。

最低限の取り分がある相続人として認められている人間に、あなたが「1円も渡さない」という遺言を書いたとしたら、いくら仲のいい兄弟でも、ケンカになってしまいますし、遺留分を主張されてしまったら（これを「**遺留分減殺請求**」といいます）、法律上、必ずその人の手に渡ることになります。

ですから、

兄弟をもめさせるくらいなら、はじめから遺留分を考慮して、最低限の取り分は兄弟全員に確保するよう、親として配慮をしてはいかがでしょうか。

自分の気持ちは大事にしながら、子どもには、兄弟それぞれに配慮するのが、親としての最後の務め。遺言は、あまりにも偏らないよう気を配るようにしてください。

たとえば、「二男のほうが子どもが多くていろいろと大変だろうから、それを考慮して、ちょっと多めに財産を配分しよう」という程度の差であれば、子どもたちも納得するかもしれませんが、**1人だけが取り分ゼロなど、もめるのが目に見えるような遺言は、避けるようにしたい**ですね。

第4章

税金で迷惑かけない

あなたにも相続税が
かかる時代がやってきた

2015年の税制改正により、いよいよ相続税の大増税時代がはじまりました。

この税制改正でもっともみなさんに影響を及ぼしているのが、「**基礎控除**《きそこうじょ》」というものの引き下げです。

そもそも相続税というのはどういう税金かというと、**相続した財産に対してかかる税金**ですから、財産を相続しなければかかりません。

自分は財産を相続したことがあるけれど、相続税を支払ったことはないという人も多いかもしれませんが、それは相続税の計算をするときに、この「基礎控除」があったからです。

相続税の基礎控除とは、財産を相続しても一定金額までは税金がかからないようにしてくれるというものです。パートの主婦の給与が年間103万円までは所得税がかからないのと同じようなものと考えてください。

以前は基礎控除の金額は、

5000万円+1000万円×法定相続人の数

とされてきました。

たとえば、財産が5000万円ある、標準世帯とされている夫婦と子ども2人の家庭でご主人が亡くなった場合を想定してみましょう。この場合は、奥さんと子ども2人の合計3人が法定相続人となるため、基礎控除の金額は

5000万円＋1000万円×3人＝8000万円となり、相続する財産が8000万円までであれば相続税がかからないことになります。したがってこのケースでは、5000万円の財産を相続しても相続税はかかりませんでした。

ところが、2015年からはこの基礎控除が、

3000万円＋600万円×法定相続人の数

と、4割も減額されました。

つまり先の例でいえば、基礎控除の金額が**3000万円＋600万円×3人＝4800万円**に下がるということで、相続財産が5000万円あると相続税がかかってしまうことになるのです。

これにより、**相続税に無縁だったいわゆる中流層までもが、他人事ではすま**

なくなることになったのです。

実際に私が現在、依頼される相続税の申告の約半分くらいは、税制改正前であれば相続税がかからなかった人のものになっていますから、相続税がかかる人がかなりの割合で増えていることになっているはずです。

特に、地価の高い

都心部ではかなりの割合で相続税がかかる

と思っていただいていいでしょう。

大幅に増える課税対象者

相続税がかからない人の中には、相続する財産の金額が基礎控除の金額を超えていても、相続税の計算で認められているさまざまな特例（小規模宅地等の特例や配偶者の税額軽減など）を使うことによって、相続税がかからなかったという人も少なくありません。

相続財産が基礎控除の金額の範囲内であれば、相続税の申告はそもそも不要なのですが、**相続する財産の金額が基礎控除の金額を超えていて、特例を使うことによって相続税がかからないようにしたい人**は、その特例の利用を認めてもらうために**相続税の申告をすることが必要**となります。

ということは、基礎控除が引き下げられたことにより、これまでは相続財産が基礎控除の範囲内で申告をする必要がなかった人も、特例を使わなければならないケースが増えていることになりますから、相続税の申告をしたり税理士申告を頼んだりという**事務手続きをしなければならない人が、大幅に増えているる**のです。

このように、もはや相続税は一部の富裕層に限らず、都心のサラリーマンや地方の方にも十分に関係するものとなっています。

したがって、これまで対策をしてきた富裕層のみなさんは、さらなる対策が必要になるとともに、**これまで相続税に縁のなかった富裕層以外の人たちも、少しでも相続税を減らすための対策をはじめる必要が生じている**のです。

相続対策は、早くはじめた者の勝ち

以上、簡単に相続税について説明してきましたが、**それでもまだみなさんは、相続対策なんて他人事だと思っていませんか?**

- 自分には相続税はかからないから、相続対策なんていらない
- 相続は自分の死後に子どもに考えてもらおう
- あと10年は生きるだろうから、もう少したってから考えはじめよう

こんなことを思っていると、**気がついたときには手遅れ**になってしまいます。

相続対策は相続税がかかる人だけのものではありません。

みなさんが亡くなったあと、お子さんたちに争いが起きないように事前に準備をしてあげることも相続対策に含まれますから、相続対策というのは財産を相続させる人全員にかかわる問題です。

かつ相続対策は、１つひとつがそれなりの作業量を必要とするもので、そんなに簡単なものではありません。相続対策を万全に進めていくにはかなりの時間を要します。

特に「相続税対策」は、そのほとんどが**みなさんが生きている間にしかできない対策**になりますから、みなさんが亡くなったあとではもう遅いということになります。

相続税対策には**10年以上かけてコツコツと積み重ねていくような対策や、時間をかければかけるほど効果が出る対策もあります**から、一日でも早く対策をはじめる必要があるのです。

節税するなら、子どもではなく まずは妻（夫）に相続する

相続税の計算では、**誰が財産を相続するかによって相続税の金額が変わること**がよくあります。

税金でもめさせないためには、まずこれを理解しておかないと、親心からしたことで、逆に子どもの税金を増やしてしまうことがあります。

いくつになっても、子どもは子ども。かわいさあまってつい親心から、パートナーが亡くなって自分が相続をする段になると、

自分はいいから、子どもにできるだけ財産をあげたい

と考える方が多いものです。

パートナーが亡くなったら、自分は老後の生活をしていくうえで最低限の財産さえ相続できれば、あとは子どもたちに財産をあげて子どもたちの生活を楽にしたい、と。子ども思いの親なら、そう考えても不思議ではありません。

しかしながらこの親心は、余計な相続税を発生させることになりかねないのです。

「相続税は、相続する財産がいくらかによって決まるのだから、誰が相続するかは関係ないのでは？」と考えがちですが、必ずしもそうではありません。

たとえば、配偶者が財産を相続する場合は、配偶者が取得する財産が、

①1億6000万円以内
②法定相続分以内（子どもがいる場合は1／2以内）（45ページ参照）

のどちらかであれば相続税がかからないという、**配偶者の税額軽減の特例があり**、次のページの図で示すように、大きく相続税を減らすことができます。

ですから、自分と子どもとで財産の配分をするときには、最低1億6000万円までは自分が相続するなど、配偶者の税額軽減を上手に使えるようにしたほうが、ムダな税金を減らせます。

100億円財産があっても配偶者は50億円まで相続税がかからないのですから、いくら子どもがかわいくても、相続税のことを考えれば、少なくとも財産の半分は配偶者が相続をするのが得策というわけなのです。

配偶者の税額軽減

① 配偶者が相続する財産が
1億6000万円以内

↓

相続税はかからない

---

② 配偶者が相続する財産が
3億2000万円まで

↓

1億6000万円分が非課税

---

③ 配偶者が相続する財産が
3億2000万円超

↓

相続する財産の半分が非課税

2回目の相続のムダを省く

子どもが経験する相続は、

- **父親が亡くなったとき**
- **母親が亡くなったとき**

の2回あります。どちらが先かはわかりませんが、子どもは親の相続の心配を2回しなければならないということです。

1回目の相続では配偶者の税額軽減を使って相続税を逃れたとしても、2回目の相続ではお子さんだけで相続をしますから、税額軽減は使えません。

「父の相続では相続税がかからなかったので安心していたら、母の相続のときに多額の相続税が発生してしまった……」

これは子どもにとって、相続失敗の典型例です。

1回目の相続の場合には、「配偶者の税額軽減」のほかに、あとで説明する「小規模宅地等の特例」も使えますから、相続財産の評価額をかなり圧縮することができ、相続財産がそれなりにあったとしても、みなさんにもお子さんにも相続税がかからない場合があります。

しかしながら、2回目の相続では、これらの特例を使うことができなくなって、一気に相続財産の評価額が増し、お子さんが支払う相続税が増えることがあるのです。

そこで、

相続税のシミュレーションをするときには、2回目の相続まで考えておくことが大事です。

「お母さんがこんなに財産をもっていたなんて！」

こんな子ども側の嘆きもよく聞きます。

これは、父親の相続のときに、配偶者の税額軽減を使うために母親が相続したら、実は母親は自分自身の親の財産も相続していて、財産がたくさんあったため、いざ子どもたちが相続するときには、ものすごい税金を支払うことになってしまったというケースです。

相続税の税率は**「累進税率」**といって、財産の金額が多ければ多いほど税率が高くなる仕組みになっています。

相続人それぞれが相続する財産の金額（基礎控除を差し引いて計算）が1000万円までの税率は10％ですが、財産の金額によって段階的に税率が上がっていき、6億円超の金額には55％という税率がかかることになります（162ページ参照）。

ですから、財産をもっているあなたがパートナーの財産を相続してしまうと、子どもが2回目の相続で支払う相続税の金額が増えてしまい、結果としてまったく節税につながらないということがあります。

もちろん、何も対策をしていない場合には、1回目の相続ではみなさん自身が相続をして、時間稼ぎをすることも大事です。

ですが、みなさんの財産の金額によっては、1回目の相続のときに多少税金を支払ってでも、財産を子どもに相続させたほうが、**相続をトータル（2回分）で考えたとき、相続税が安くすむ**ことがあるのです。

また、パートナーに相続させる財産と、子どもに相続させる財産をどのように分けるかによっても相続税の金額は違ってきます。

2回目の相続を考えると、今の評価額は同じでも、

今後値下がりしそうな財産は配偶者が、今後値上がりしそうな財産は子どもが相続したほうがトクです。

こうすることで、パートナーが相続した財産は2回目の相続のときに、値下がりした分だけ税金が安くてすみますし、値上がりした財産を相続することもなくなりますから、税金のムダを省くことができるのです。

今は同じ価値でも、将来の価値は違う。

このことを考えながら、どうやって遺産を分けるかを考えるのも、ムダを省くためには重要です。

さらには、1回目の相続で毎月家賃が入ってくるようなアパートをみなさんが相続すると、2回目の相続のとき、みなさんが受け取る家賃収入の分だけお子さんの相続財産が増えてしまいますから、**お金を稼ぐ財産は子どもに相続させる**ことによって、2回目の相続で相続する財産を増やさないような対策をすることが大切です。

このようなテクニックを使って、2回目の相続のムダを省くことが相続ではとても重要になってきます。

パートナーと子どもが相続する財産をいかに振り分けるかは、とても大事な問題なのです。

税金を減らしたければ、子どもに毎年111万円ずつあげる

「子どもに相続で苦労をかけたくないから、生きているうちに子どもに財産をあげてしまいたい」

これは、誰でも一度は考えることだと思います。

確かに**相続税を減らすための王道は、実は生きているうちに財産をあげることと**ですから、その考えは正しいと言えます。

遺産として家族に財産を遺すと**相続税**がかかりますが、生きている間に子どもにあげてしまえば、相続税はかかりません。

しかしその代わりと言ってはなんですが、相続税逃れができないように、生

きている間に財産をあげると、もらった人が「**贈与税**」という税金を支払わなければならない仕組みになっています。贈与というのは「あげる」ということですが、財産をあげると、もらった人に税金がかかるようになっているのです。

しかも、贈与税の税率は相続税よりも高く、相続税よりも税金の額が多くなるよう設定されています。

相続税は6億円を超えると税率が55％となりますが、贈与税は4500万円を超えると税率が55％になってしまいますから、相続税と比べてかなり厳しいものだと言えるでしょう。

贈与税がかかってしまうのでは、財産をあげて税金を減らすことなんてできないのでは、と考えてしまいそうですが、実は**贈与税の特徴を理解して上手に財産を子どもに引き継ぎ、税金のムダを省く方法があります。**

実は、贈与は生きている間であれば、いつでも何度でもすることができます。かつ、相続税は計算が1回限り（相続のタイミング）であるのに対し、贈与税の計算は、1月～12月までという期間を区切って毎年行われるのです。

このとき、贈与税には年間110万円まで基礎控除が認められています。

つまり、

年間、1人につき110万円までは、子どもに財産をあげても税金がかからないというわけです。

また、贈与は自分の意志で誰にでもできますから、子どもだけでなく、**子どもの配偶者や孫などにも財産をあげることで、まとまった金額の財産を無税であげることができる**のです。

たとえば、子どもが2人いてそれぞれに子ども（みなさんの孫）が2人ずついれば、子ども2人+子どもの配偶者2人+孫4人=計8人いますから、8人×110万円=880万円を1年間で贈与することができます。

これを10年、20年と続けていけば税金を支払うことなく、大きな財産を子や孫に渡すことができ、その分、税金を節約できるというわけです(「相続対策は早くはじめた人ほどトクをする」というのはこういうことです)。

ただし、贈与をする際には注意点があります。贈与というのは、

あげる人ともらう人、お互いの合意があって初めて成立する

ということです。つまり、あげるほうだけでなくもらったほうにも「もらった」という認識がなければ、贈与したことにはなりません。

よくあるケースですが、子ども名義の通帳をつくり、お母さんが毎月あるい

は毎年一定金額ずつ自分のお金をその口座に移しているような場合、子どもがその事実を知らなければ、贈与をしたことにはなりません。

贈与したことにならなければ、その預金は、名義は子どもでも親の財産とみなされ、相続税の対象になってしまいます。

これは**「名義預金」**といわれ、**相続税の税務調査でよく問題となります。**

ですから、子どもにお金をあげる場合には、名義預金と言われないよう対策することが必要です。

そのためにはまず、贈与の契約書をつくって、親と子どもなど、贈与をする側とされた側とで契約書に署名押印をしておくのがおすすめです。

契約書の書式は簡単なので、ひな型（ネットで検索してみてください）を参考に自分でつくることができます。これで、少なくともお互いに贈与について合意があり、贈与が成立していることを証明できます。

また、預金通帳やキャッシュカードは親ではなく贈与を受けた側が管理することです。たとえば、子どもがその預金からお金を引き出して使っているなど、贈与を受けた側が預金の管理をしているという実態が重要だからです。

さらに、贈与をしたことを明確にするには、**111万円をあげて贈与税の申告をしておく**という方法もあります。

111万円の贈与をすると、111万円－110万円＝1万円が贈与税の対象となり、1万円×10％＝1000円の納税が必要となります。

しかし、贈与税の申告をして1000円の納税をすることによって、税務署に「贈与がありました」という証拠を残せば、贈与があったということを証明する強力な証拠になり、名義預金と言われるリスクを避けられます。

子どもをはじめ、贈与を受ける側には1人につき年間1000円の経費がかかってしまいますが、相続税を減らすには、これはとても有効です。

財産は子どもよりも孫にあげる？

「自分は80歳。息子ももう50歳になって立派に生活していて、自分の財産をあてにする必要もない。だから、孫に財産を遺したい」

こんなふうに考えている方も多いのではないでしょうか？

相続税という観点から言えば、孫への贈与は、実は非常に大きなメリットがあります。

親が子どもに財産を贈与しても、それが子どもから孫に相続させるときの相続財産になってしまうと、結局、相続税がかかってしまうことになり、贈与のメリットが薄れてしまいます。

財産の引き継ぎ方

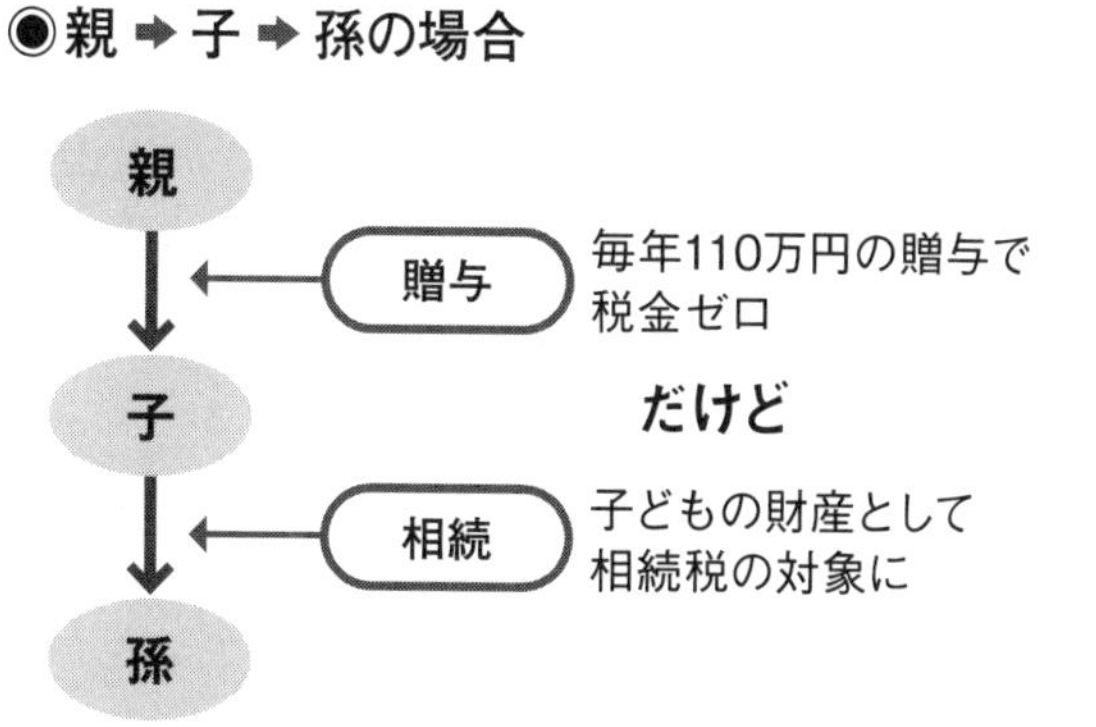
◉親 ➡ 子 ➡ 孫の場合
親
贈与
毎年110万円の贈与で
税金ゼロ
子
だけど
相続
子どもの財産として
相続税の対象に
孫

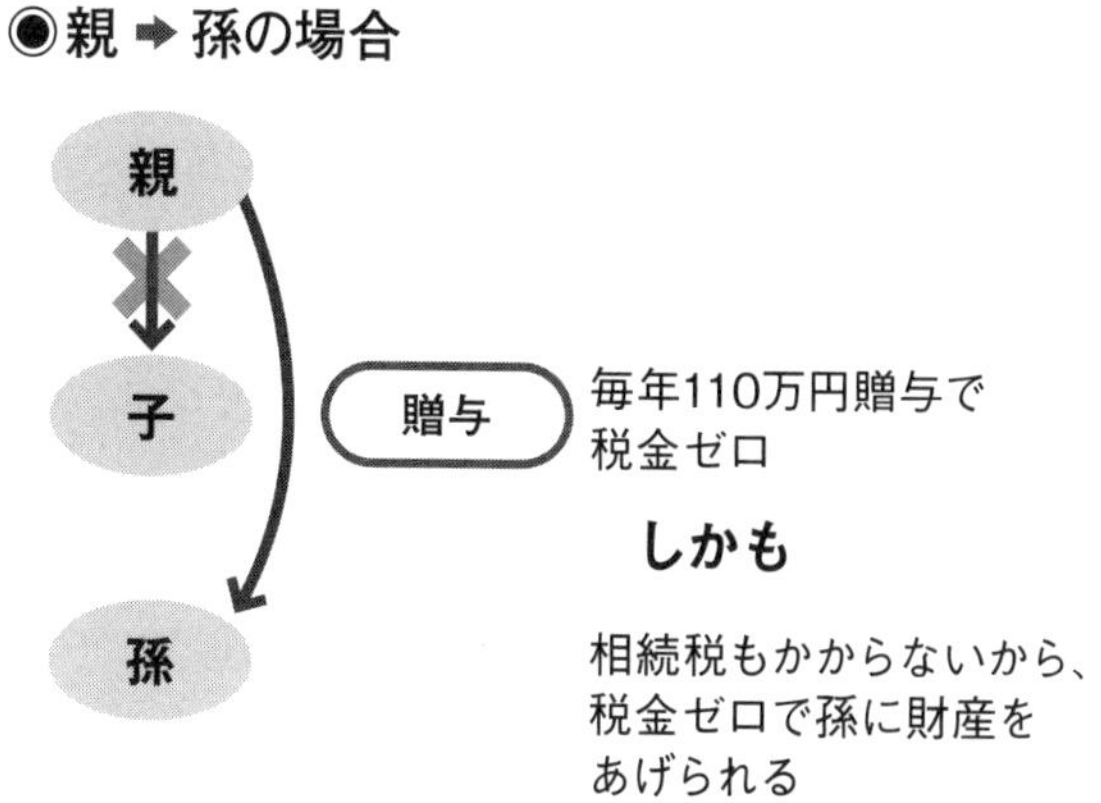
◉親 ➡ 孫の場合
親
子
贈与
毎年110万円贈与で
税金ゼロ
しかも
孫
相続税もかからないから、
税金ゼロで孫に財産を
あげられる

そんなときは、**財産を子どもではなく孫に贈与する**ことによって、子どもにも孫にも相続税をかけず、孫に財産を引き継がせることができます。

また、孫への贈与にはもう1つ特典があります。

実は、配偶者や子どもなど、相続人への贈与は、贈与してから3年以内に自分が死亡した場合、**贈与はなかったものとして相続財産とみなされ課税対象となってしまいます。**

これは、被相続人が亡くなる直前に贈与をして、相続税を逃れることを防ぐための取り扱いなのですが、対象となるのは相続人だけで、孫に対しての贈与は相続財産とはみなされません。したがって、

相続税のことを考えたら、贈与は子どもよりも孫にしたほうがより効果的と

いうわけです。

さらには、孫の学費や生活費を支払ってあげるというのも、相続対策としては有効です。贈与に税金がかからないのは年間110万円までですが、**孫の生活費や教育費、医療費などをその都度支払ってあげても、それはそもそも贈与にはなりません。**

かわいい孫のためにお金を使って、相続税の節税ができるとなれば一石二鳥、というわけです。

孫を養子にする

「うちは子どもが1人しかいなくて基礎控除が少ないから、相続税がかかってしまう」
「あと1人子どもがいれば、相続税はかからなかったのに……」

このような嘆きを相談者から受けることがあります。

相続する財産の額が同じでも、相続人の数によって相続税の金額が変わってしまうとなると悩みますよね。

もちろん、相続人は法律で定められていますから、簡単には増やすことができません。しかし、気持ちとしては1人でも増やしたいところですよね。

実は、実子（実の子ども）だけでなく、**養子も法定相続人になることができる**のをご存じでしょうか。そこで昔から、お孫さんを養子にするということが、相続税対策の1つとして行われています。

それなら、うちには孫が6人いるから、6人養子にすれば6人分基礎控除が増えるのでは、と思うかもしれませんが、残念ながら、法律上は養子は何人でももとれるのですが、相続税の計算上は、実の子どもがいる場合、法定相続人として計算できる養子は1人までとなっています（ちなみに、実の子どもがいない場合は2人までです）。

つまり、何人養子をとっても1人分しか基礎控除は増えないというわけです。

それでも、1人法定相続人が増えると、

- **基礎控除が600万円増える**
- **基礎控除が増えることで税率が下がる可能性がある**
- **死亡保険金や死亡退職金の非課税枠が500万円増える**（146ページ参照）

といったメリットがあります。

ただし、いくつか注意も必要です。

まずは、せっかく養子縁組をして法定相続人を増やすことができたとしても、**節税を目的として養子縁組をしたと税務署にみなされると、税務署は養子を法定相続人の数として認めてくれません。**

「自分と一緒に暮らしてくれている孫は、実の子どものようにかわいい」
「将来、お墓を守ってくれる孫に自分の財産を遺したい」
など、養子縁組することに対しては、節税以外の目的・理由がなければいけません。節税はあくまでも結果であって、目的ではないということをはっきりさせておく必要があるのです。

また、養子にした孫には当然に財産を相続する権利はあるのですが、相続税の計算上では、孫に無制限に相続を認めてしまうと、「相続とばし」ができることになってしまうため、**孫が相続した分の相続税は2割加算される**ことになっています。

計算された相続税が100万円だとすると、120万円になってしまいますので、ここにも注意が必要です。

ちなみに、孫と同じように、子どもの配偶者を養子にすることも可能です。たとえば、「長男の妻」はそのままでは相続人にはなれませんから、自分の面倒をよく看てくれた長男の妻を養子にして財産を相続させるというようなこともできるのです。

税金を払ってでも財産をあげたほうがトクな場合

会社を経営されている方や、個人で事業をされているような方は、税金の支払いが身近にあるので、相続税や贈与税を支払うことに抵抗が少ない方が多いのですが、確定申告をされていないサラリーマンの方や、特に主婦の方は、

「税金なんて1円も払いたくない」

とおっしゃるケースが多いです。

これはすごく自然なご意見ですし、もちろん可能な限り税金がゼロになるように節税対策をされることは大事です。ただし、**税金はトータルでいくらかか**

るかを考えてあげなければ、結局は損をしてしまいます。

・相続財産がたくさんある
・贈与できるのが子ども1人だけしかいない

という場合には、110万円の基礎控除を使った贈与だけでは、相続財産を減らしきれず、多額の相続税がかかってしまいます。

このような場合には、

贈与税を支払ってでも、子どもや孫にお金をあげたほうがトク

ということがあります。

相続税は財産が3億円を超えると税率は50％、6億円を超えると55％となって半分以上も税金で取られてしまいます。

一般的には相続税よりも贈与税のほうが税率は高いので、贈与するよりも相続させたほうが税金は安くてすむことになりますが、たとえば年間400万円の贈与をする場合（110万円の基礎控除があるので、正確には510万円）、税率は15％となっていますので、財産が3億円を超えるようなケースでは、贈与をせずに相続を迎えて50％の相続税を支払うよりも、15％の贈与税を払って10年間、贈与を続けたほうが税のムダを省くことができます（次図参照）。

子どもや孫に財産をあげる場合の基本は、年間110万円の基礎控除内で毎年続けることになりますが、相続財産が多い人はむしろ、基礎控除を超える贈与をしたほうが相続税を安くでき、**トータルの税金を少なくすることができる**ので、財産の贈与についてはシミュレーションが必要です。

相続税と贈与税のシミュレーション（相続財産５億円）の場合

Ⓐ 贈与をしなかった場合

（支払う相続税の金額） ※計算方法は162ページ参照

5億円×50%－4,200万円 ＝ **2億800万円**

Ⓑ 毎年510万円の贈与を10年間した場合

（支払う贈与税の金額）

控除額

（510万円－110万円）×15%－10万円＝50万円

50万円×10年＝500万円

（支払う相続税の金額） ※計算方法は162ページ参照

5億円－（510万円×10年）＝4億4,900万円

4億4,900万円×50%－4,200万円

＝1億8,250万円

（税金トータル）

500万円＋1億8,250万円 ＝ **1億8,750万円**

結論 Ⓐ 2億800万円 ＞ Ⓑ 1億8,750万円

↓

毎年贈与したほうがトク！

贈与税の税率と相続税の税率によって、贈与税を支払ってでも贈与したほうがトクなことがあるので、いくら贈与するかをシミュレーションすること

お金をあげるのが心配なら、保険料をあげる

子どもにお金をあげることが節税対策になるのはわかるけれど、**子どもや孫に毎年100万円を超えるお金をあげるのは心配**、という方もいらっしゃると思います。

- 子どもが無駄遣いをしてしまわないか？
- 子どもの金銭感覚が狂ってしまわないか？
- 若いうちから苦労を知らずに生活させていいのか？

このような心配をするのも、親としては当然ですよね。

子どもには立派な社会人になってほしいと願いながらも、なんとか子どもに上手に財産を遺してあげたい――これは親の切実な悩みだと思います。

この悩みは、保険を利用することで解決することができます。

それは、子どもが契約者となって、みなさんが亡くなったら保険金を受け取ることができる保険に入るのです。

つまり、

- **保険契約者 ＝ 子ども**
- **被保険者 ＝ 親（あなた）**
- **保険受取人 ＝ 子ども**

という保険の契約をするわけです。

保険の契約者は子どもなので、子どもが保険料を支払うことになりますが、この保険料に相当する金額をみなさんから子どもにあげればいいのです（年間110万円までは税金がかかりません）。

そうすると、子どもはみなさんが生きている間はお金を受け取ることができませんから、無駄遣いをすることもありません。

かつ、みなさんが亡くなったときに**子どもが受け取るこの保険金は、相続税の対象にはなりません**。

なぜなら、保険の契約をして保険料を支払っているのは子どもということになっていますから、保険金はみなさんの財産とはみなされないのです（一方、みなさんが自分で自分に保険をかけ、その保険金を子どもが受け取ると、それには相続税がかかります）。

このように保険を使うことで、子どもの無駄遣いの心配がなくなるのと同時に、相続のときに保険金としてまとまった金額を子どもが受け取れると、相続税の節税をしながら、上手にお子さんに財産を遺すことができるのです。

ただし、**子どもが受け取る保険金は、一時所得として所得税の対象にはなります。**

「やっぱり税金がかかるのか……」と思いますが、課税されるのは受け取る保険金から支払った保険料を差し引いた残りだけですし、一時所得は税金を計算するうえでかなり優遇されていますから、保険を使わずに相続税を払うケースと比較すると、お子さんが支払う税金はかなり安くなるはずです。

生命保険で節税するテクニックとは

先ほどは、生命保険料相当額を贈与する節税方法を紹介しましたが、それ以外にも**生命保険を使って節税をするテクニック**があります。

みなさんが現在、保険契約者として自分に保険をかけ、保険料を支払っている場合、遺族が受け取る保険金には、相続税がかかることになっているのですが、受け取る保険金のうち、

500万円 × 法定相続人の数 までは税金がかからない

という、非課税の枠が認められています。

たとえば、パートナーが自分にもしものことがあったときのために、生命保険に入っていたとしましょう。

法定相続人が自分と子ども2人の**計3人であれば、死亡保険金のうち500万円×3人＝1500万円まで相続税がかからない**ということになります。

生命保険は、通常は支払った保険料よりも受け取る保険料のほうが多くなければ、保険に入るメリットはありませんから、保険に入るときには、支払う保険料と受け取る保険金を比較することになると思います。

ただ、相続税のことを考えるなら、万が一支払った保険料と受け取る保険金が同額であったとしても、生命保険の非課税枠を使うことで、残せる現金を多くできることがあります。

たとえば次の図は、仮に保険料と受取保険金が同額、かつ、162ページの表でいう相続税率50%の人を例にしてありますが、生命保険は通常、支払う保険料よりも受け取る保険金のほうが多いですから、やはり生命保険には加入したほうがトクだと言えます。

持病があったり、高齢になったりしていると、なかなかいい保険に入ることができないので、「生命保険には入らなくていいや」と思っていた方でも、相続対策という観点からおトクな保険がないかどうか、ぜひ見直してみてください。

そのまま相続 VS 保険加入

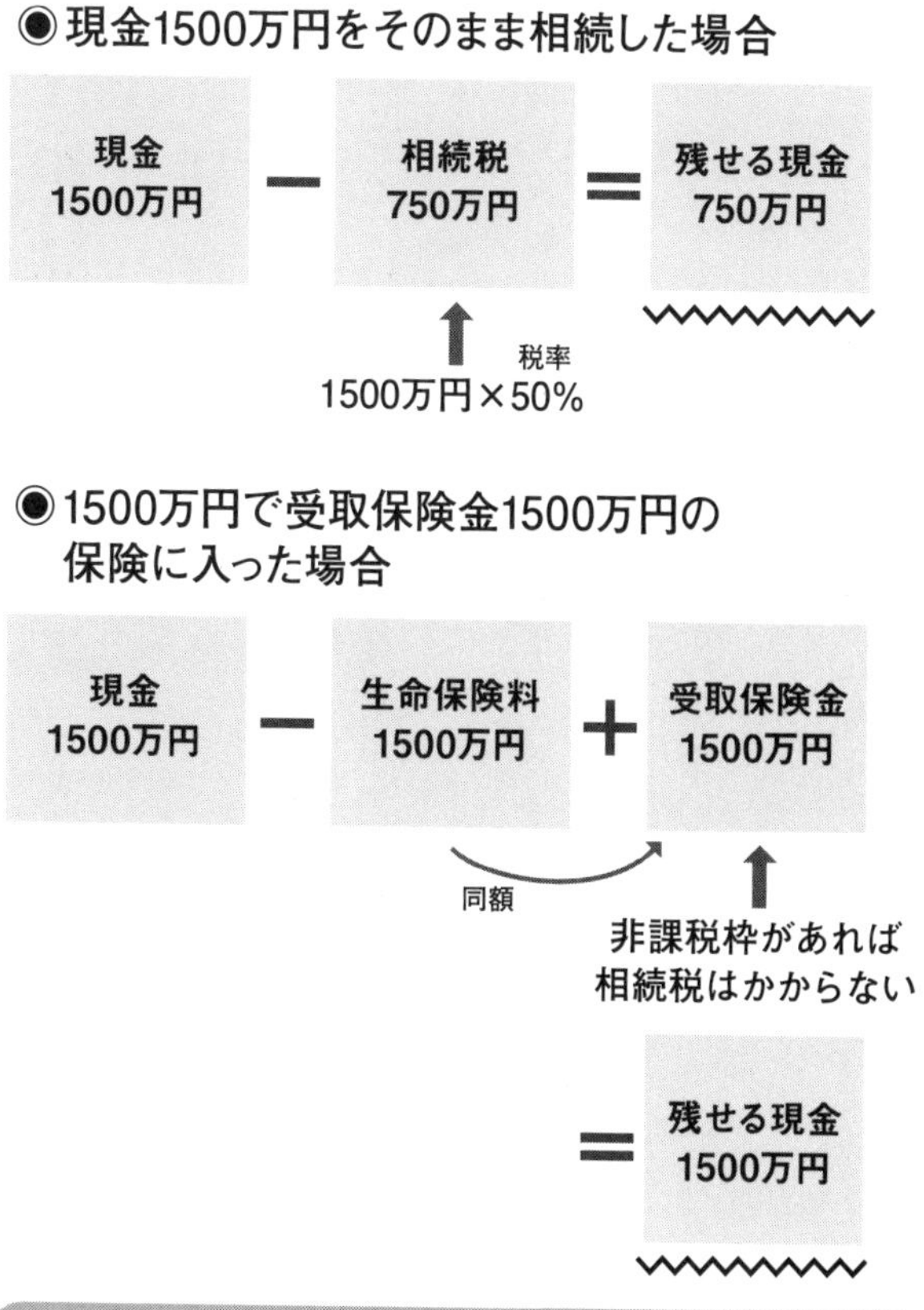

支払う保険料と受け取る保険金が同額でも、保険に入ったほうが残せる現金は多い

墓は死ぬ前に買う

相続税では、基本的にすべての財産が課税対象となるのですが、墓地や墓石、仏壇などの財産は、相続財産ではあるものの、相続税のかからない財産として取り扱われます。

ですから、先祖代々のお墓がない場合や仏壇等がない場合は、生前にこれらをみなさん自身が買っておくと、**その分だけ相続税の節税になります**。特に墓地は数百万円するものもあり、節税効果は大きいです。

ポイントは、相続が発生する前、つまり**自分が生きている間に墓地や仏壇などが購入されている**ことです。亡くなったあとに相続人が買うと、それは相続をした現金で購入したことになり、その分が相続税の対象となってしまいます。

また、**代金の支払いが終わっていなければ相続税がかかってしまう**ことから、借金をして墓地を購入した場合や、仏壇の代金をまだ支払っていないようなケースでは、未払い分は相続税の節税になりません。

したがって、購入したらすぐに代金を支払ってしまうようにしてください。

ちなみに、仏具が骨董《こっとう》品として取り扱われるような高額なものの場合は、相続税の課税対象となってしまうので、純金の仏像をいくら買っても、それは相続税の節税にはなりません。

また、墓地や仏具に限らず、親が支払っておける費用があれば、生きている間に支払っておくことで、相続財産を減らすことができます。

たとえば1つの例として、測量図がまだなければ**土地の測量を生前にしてお**

くことをおすすめします。

相続した土地を売る場合や、土地で相続税の物納をする場合には、土地の面積をはっきりさせる必要があるのですが、そのためには土地家屋調査士に依頼して隣の土地との境界線を確定させたり、測量をして土地の面積を明確にしたりしなければなりません。

また、代々受け継いでいる土地などは、実際の土地の面積が登記簿の土地の面積よりも大きかったり小さかったりすることがあります。

俗にいう**「縄延び」**（実際の面積のほうが登記簿よりも大きい）／**「縄縮み」**（実際の面積のほうが登記簿よりも小さい）がこれです。

実際には、縄延びのケースが多いのですが、なかには縄縮みをしているケースもあります。縄縮みしている場合には、登記簿の面積で相続税の申告をすると、実際の面積で申告するよりも、税金を多く支払うことになってしまいます。

また、縄延びしているケースでも、相続税の計算において特例を使うことができて相続税の金額を減らすことができる場合もありますから、測量をしたほうが有利なケースが少なくありません。


測量や境界確定には、百万円単位の費用がかかりますから、生前にこれを行っておけば相続人は費用を負担する必要がなくなりますし、相続財産を減らすことができることから、結果、相続税のムダが減らせます。

自分がもっている土地はどうだろう、という場合には、専門家に相談をしたうえで、測量をしておくといいでしょう。

税務調査は忘れた頃にやってくる!?

みなさんの相続が発生してから10か月後には、お子さんは税理士さんと協力をしてやっと相続税の申告も終わり、ホッと一息つくことでしょう。

一連の手続きでは、相続税の申告が相続の最後のイベントであることがほとんどですから、お子さんは相続税の申告が終わると「相続が終わった！」ということで非常にみなさん喜ばれます。ところが、みなさんの三回忌が終わる頃、お子さんには申告をお願いした税理士さんから、

「税務署から連絡があり、相続税の調査に入りたいそうです。日数は2日間なので、日程調整をお願いします」

というような連絡が入ります。もう相続税の申告をしたことすら忘れてしまった頃に突然の連絡がきますから、お子さんは動揺するかもしれませんね。

お子さんは税務調査なんて受けたことがないという方が多いでしょうから、「税務署が来る」というだけで身構えてしまうかもしれません。

国税庁が公表しているデータによると、ここ数年、相続税の申告対象となる人は年間約11万人、税務調査の件数が年間約1万2000件ですから、**申告9件に1件くらいは税務調査の対象となっている**ことになります。**お子さんには、税務調査が来る可能性があると伝えておいたほうがいいです。**

では税務署は、どのようにして税務調査の対象を選んでいるのでしょうか？

税務署では申告書が提出されると、その内容をまずは自分たちで調査します。みなさんの過去の確定申告書を調べたり、登記情報や固定資産台帳で不動産情報を調べたり、金融機関に問い合わせをして、申告されていない預金がないかどうか、または不自然な入出金がないかどうかといったことを調べています。

このような調査に時間がかかるために、税務調査は納税者が忘れた頃にやってくるというわけです。このとき対象となるのは、

- **3億円を超えるような高額な相続の申告をした人**
- **事前の調査で申告漏れの財産が見つかった人**
- **過去の収入に比較して、申告されている財産が少ない人**
- **大きな借金があるのに、それに見合う財産がない人**
- **亡くなる直前に、高額の預金が引き出されている人**

です。このような人は、申告漏れの可能性が高いと判断され、調査の対象となります。国税庁の発表によると、２０１７年7月から18年6月までに行われ

た相続税の税務調査は1万2576件、このうち実に1万521件が申告漏れ等を指摘され、追加で税金を払うこととなったそうです。

つまり、**相続税の調査が入った場合、追加で税金を支払う確率は80％超**（！）という非常に高い確率となっていますから、お子さんには相続税の申告の際には財産をごまかそうとしないよう、伝えたほうがいいでしょう。

通常の税務調査ではドラマで見るような、国税局の査察官が来るわけではありません。突然自宅に上がられて、家の中を捜索され、畳の下から金塊が出てくる――こんなシーンをテレビではよく見ますが、これは、いわゆる「マルサ」といわれる査察官の調査で、そうしたときはすでに一定の証拠をつかんで捜査令状をもってきているものです。

一般の税務調査では、申告が適正であれば、調査官の質問に答えて必要な資料を提出すれば税務調査は終わりますので、心配はいらないと伝えてください。

税務調査では、ここを見ている！

通常、相続税の税務調査は2日間にわたりますが、**最初は本当に簡単な世間話や雑談から始まります。**調査員が初日の午前中、お子さんに聞いてくるのは、

- みなさんが生まれてから亡くなるまでの経歴や趣味
- 相続人それぞれについての簡単な質問
- みなさんの病歴や死亡時の状況

で、相続税の申告とは関係ないような話まで聞かれるのですが、**実はすべての会話から、税務署側は次のような情報収集をしています。**

調査官の会話の意図

会話の内容	調査官が知りたいこと
被相続人の住所の変遷	昔住んでいた場所に預金口座がないか？(海外の口座も含む)
被相続人の職歴	本人の収入と比較して、申告されている財産は相当かどうか
相続人の職歴	相続人の預金が多い場合、贈与されたものや名義預金はないか
被相続人の性格	コツコツとお金を貯めるタイプか、散財してしまうタイプか？
病歴や亡くなったときの状況	入院費の出所の確認、亡くなる直前に引き出されている預金の使い道の確認
日常の生活費	収入と比較して多いか少ないか（これによって、残っている財産が変わってくる）
被相続人の趣味	生活水準の確認、大きなお金の使い道(旅行など)、ゴルフ会員権や書画骨董のような財産がないか
お金の管理	本人がしていたか、配偶者がしていたか
相続人の預金口座	相続人が知らない預金口座（名義預金）がないか

また、彼らは会話だけでなく、自宅の中も観察しています。壺や絵画など財産価値があるものがないかどうか、銀行や証券会社、保険会社などのメモ帳、カレンダー、粗品などから、申告されていない財産がないかどうかの情報を収集しています。

調査官が**「トイレを借りたい」**と言った場合には、本当にトイレに行きたいというだけでなく、トイレにあるカレンダーなども確認しています（銀行からもらったカレンダーであるなら、その銀行との取引がうかがえます）。

さらには、貴重品の保管場所や金庫がある場合には、中身を必ず確認されます。また、「通帳や印鑑を見せてほしい」と言われて取りに行こうとすると、必ず「一緒に行かせてください」と言われます。

これは、申告されている以外に銀行や証券会社に口座がないか、あるいは、金庫の中に多額の現金や貴金属などの財産がないかどうかの確認をするためです。同じように、銀行の貸金庫がある場合も、見せてほしいと言われるでしょう。

税務調査にくるということは、ある程度、**疑いの目をもたれているという認識をもっておいたほうがいい**ということになります。

税務調査で申告漏れが指摘されると、お子さんは支払わなければならなかった税金を支払うのはもちろんのこと、追加のペナルティを支払うことにもなりますから、子どもが支払わなくていいペナルティを支払うことのないよう、事前の対策をしてあげるのが大切です。

［参考］相続税の税率

法定相続人の取得金額	税率	控除額
1千万円以下	10%	—
1千万円超3千万円以下	15%	50万円
3千万円超5千万円以下	20%	200万円
5千万円超1億円以下	30%	700万円
1億円超2億円以下	40%	1,700万円
2億円超3億円以下	45%	2,700万円
3億円超6億円以下	50%	4,200万円
6億円超	55%	7,200万円

例：相続する財産が3億円の場合の相続税額

3億円×45%－2,700万円

=

1億800万円

第5章

不動産で迷惑かけない

分けられないものこそ分ける

子ども2人に残せるのは、多少の預貯金と自宅のマンション一室だけ。

住む家にかかるお金が世界一高いと言われている日本では、このような家庭が最も一般的ではないでしょうか？
国税庁のデータによると、「相続財産に占める不動産の割合は42％」と財産の半分近くを占めています。

自宅と預貯金を子ども2人に相続させるような場合、**「自宅も預金も子どもたちに半分ずつ相続させたい」**と考える方は多いものですが、問題なのは、自宅は2つに分けることができない点です。

現金や預金は簡単に分けることができますが、**家やマンションといった不動産は物理的に分けることができません。**不動産がいくつかあれば、兄弟に1つずつ分けてあげることもできるのでしょうが、「不動産は自宅だけ」という方がほとんどですから、簡単に分けられませんよね。

そこで、兄弟に平等に相続させるためには1／2ずつ一緒にもたせることになるのですが、これがあとで大きな問題を引き起こします。

そもそも、不動産を相続させる方法には、

①現物分割
②換価分割
③共有
④代償分割

の4つがあります。

【現物分割】

これは、不動産そのものを物理的に分ける方法です。ただし、自宅しかない場合には物理的にこの方法は難しいというのが現実です。

【換価分割《かんかぶんかつ》】

これは、不動産を売ってお金に換えてから分けるという方法です。この方法もわかりやすくていいのですが、家は誰かが住んでいると売ることができないのと、売却することによって所得税がかかってしまうという欠点があり、使えないケースが多いです。

【共有】

平等に分けることができ、所得税もかからない方法として、「兄弟2人に一緒にもたせる」のが「共有」です。

相続ではこの共有が選択されることが多いのですが、共有にはさまざまな問題があります。

兄弟それぞれ、生活が順調な場合には問題が生じないのですが、どちらかに緊急でお金が必要となった場合に、家やマンションを売ろうとしても、**共有している人の同意が得られなければ、売却することができない**からです。

また、共有が兄弟同士で収まっている間はいいかもしれませんが、どちらかが亡くなれば、孫たちが共有者に加わることになったり、子どもの配偶者が共有者に入ったりして、共有している人たちの関係はどんどん複雑になっていきます。

これでは、せっかく自分が遺した自宅が子どもや孫たちを巻き込んだ**争いや面倒のタネ**になってしまうことになります。

【代償分割】

そこで上手に財産を2人に分ける方法として、この「代償分割」という方法があります。

これは、**不動産を相続する人が不動産を相続するかわりに、他の相続人にお金（など）を支払う方法**です。

この方法はあまり知られていないのですが、意外と使い勝手のいい方法です。

たとえば、相続財産が評価額5000万円の自宅と1000万円の預貯金しかない場合。兄弟仲良く3000万円ずつ分けてあげたいと思っても、自宅は今後も長男が住むので長男に相続させることにすると、平等に相続させることができなくなってしまいます。

そんなときには、自宅は長男にすべて相続させるかわりに、長男が現金を2000万円、二男に渡すようにするのです。そうすれば、ちょうど半分になりますよね。

もし、長男に預貯金がなくて一気に2000万円を支払うことができない場合は、分割払いにしてもかまいません。

不動産を兄弟で共有させることは極力避けて、もめずにどちらかが相続できるような手はずを整えてあげるのも、親であるみなさんの役目です。

みなさんの自宅はいくら？

みなさんに最も身近な不動産は、みなさんの自宅（持ち家の場合）ですよね。一軒家の方もマンションの方もいらっしゃると思いますが、相続の準備をするにあたっては、まず「自宅の評価額がいくらなのか」を調べることからはじめます。

これは、遺産分割をするうえでも相続税の計算をするうえでも、非常に重要になります。自宅を評価するときは、土地と建物とに分けて評価します。

【土地の評価額】

これにはさまざまな指標による、さまざまな評価額が存在します。

- **公示価格にもとづいて計算した評価額**
- **路線価にもとづいて計算した評価額**
- **不動産鑑定士による評価額**
- **固定資産税の評価額**
- **近隣の売買事例から計算した評価額**

相続対策においては、評価額によって相続税や贈与税の金額が変わりますので、まずは相続税における評価額を知ることが重要です。

相続税（贈与税も同じ）では、土地は基本的に「**路線価**」を使った評価額が使われることになっています。

「路線価」。名前は聞いたことがあるかもしれませんね。これは、国税庁が毎年7月に公表する、全国の土地価格の指標です。

路線価というのは簡単に言うと、**土地が接している道路に値段をつけたもの**

です。道路に面している土地は、1㎡あたりいくら、という値段がつけてあり、路線価は当然に地域によって変わります。都心部は高く、都心から離れるほど安くなります。

また、同じ都心部でも、大通りに面している土地は使い勝手がいいですから、裏道にある土地よりも値段が高くなります。ですから、道路に値段をつけて、その場所でその道路に面している土地は1㎡あたりいくらという金額がつけられています。

土地の評価額をざっくりと計算するなら、次のようになります。

路線価 × **土地の面積** ＝ **土地の評価額**

この路線価は、国税庁のＨＰを検索すると簡単に調べられるので、自分の土地がいくらになるのか、計算してみるといいかもしれません。

地方の土地には、路線価がついていないものもあります。その場合には、毎年支払う固定資産税の評価額に一定の倍率をかけて計算をする（これを**「倍率方式」**といいます）ことになります。固定資産税の評価額は、年に一度、6月くらいに市区町村から届く固定資産税の通知に書かれた金額を見ればわかります。あるいは、市区町村などで確認することも可能です。

【建物の評価額】

建物についてもさまざまな評価方法がありますが、相続税（贈与税も同じ）での評価方法が定められていて、固定資産税の評価額で評価することになっています。

建物の評価は、6月くらいに届く固定資産税の通知に書かれていますので、税金を払い終わっても捨てずに取っておきましょう。

マンションは最上階を買うのがおすすめ

先日、次のような質問を受けました。

「不動産屋さんから、**相続税対策として高層マンションの最上階を買う**ことをすすめられたのですが、本当に相続税対策になるのですか？　高層マンションの最上階なんて一番高い部屋なんだから、相続税もたくさんかかるんじゃないですか？」

確かに、高層マンションの最上階というのは高級感が漂っていますから、相続税は高そうですよね。でも、この不動産屋さんの言っていることは、実は正しいのです。では、なぜそのようなことが起こるのでしょうか？

マンションも不動産ですから、土地と建物とを分けて評価することになるのですが、分譲マンションは1つの土地と建物を所有者がみんなで一緒にもち合って（区分所有して）いますから、土地と建物の評価をするのが少しだけ複雑になります。

一軒家であれば、土地は「路線価×面積」ですぐにでも大まかな金額が計算できますし、建物は固定資産税評価額を調べればすぐにわかります。

では、**マンションの評価額はどうやって決まるのでしょうか？**

土地についてはやはり、路線価で評価します。マンション全体の敷地の金額を路線価で評価し、それを各住戸の持分割合で按分《あんぶん》します。持分割合は多くの場合、各住戸の面積の割合で、**階層や向きに関係なく各部屋の面積のみを基準に割り振られます**。

建物については、固定資産税評価額で評価しますが、これもマンション全体の金額が**各部屋の面積のみを基準に割り振られます**。

つまり、同じマンションのそれぞれの住戸の相続税評価額は、部屋の面積のみが基準となって全体を割り振ることになるので、**部屋の面積が同じであれば、1階も最上階もどの部屋でも同じ**ということになり、**マンションの上層階の眺望、ステータスなどはまったく評価に影響しない**ということになります。

50階建てのマンションの50階の南向き、1億円で販売された部屋と、2階の北向き、7000万円で販売された部屋は、間取り（床面積）が同じであれば相続税評価額は同じというわけです。

単純化して考えてみましょう。

相続財産が2億円あり、そのうち預金が1億円あったとします。この預金1億円をそのままもっている場合と、1億円でマンション（相続税評価額は5000万円）の最上階を買った場合とでは、相続税の額は1500万円違います。

マンションは最上階を買う

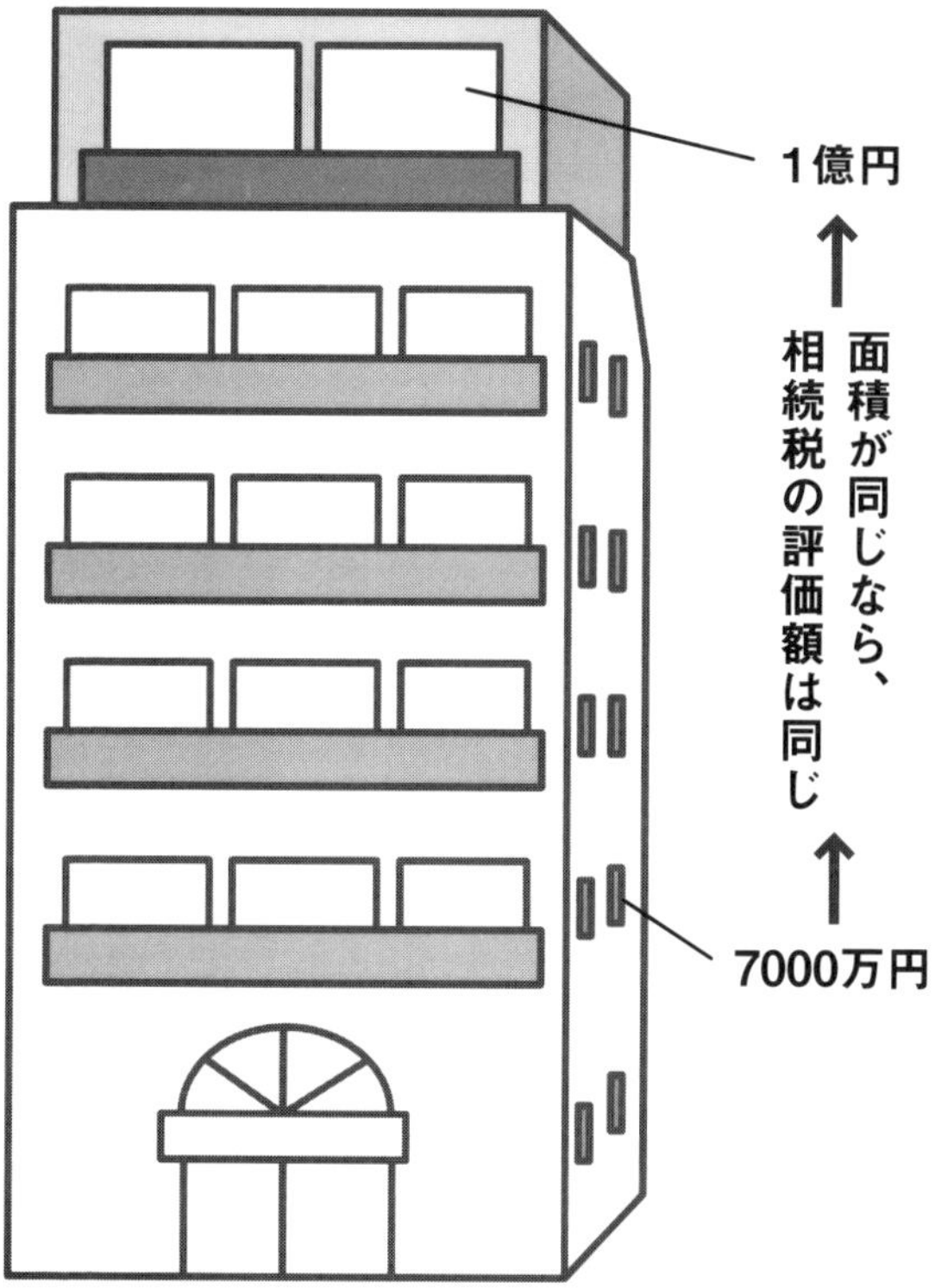
1億円
面積が同じなら、
相続税の評価額は同じ
7000万円

〇眺望
〇ステータス
〇日当たり
などは、評価に影響しない

相続した人がマンションを売れば、不動産屋に支払う手数料や、不動産取得税などの税金を支払っても**おつりがきます**から、相続税対策には高層マンションの最上階がおトクという不動産屋さんの話は**決して嘘ではない**のです（次図参照）。

ただし、2017年に高層階の固定資産税評価額を高くして低層階を低くするような税制改正が行われました。そのため、多少節税効果は薄まりましたが、**税制改正が適用されるのは2017年4月以降に新築されたマンション**なので、2017年3月までに建築された中古物件を買えば、以前と何も変わりません。

相続税のことだけ考えてマンションを買うわけではないでしょうが、比較検討する要素の1つとして、相続税の評価額が販売価格とどれだけ差があるかを調べてみるといいかもしれませんね。

預金1億円の相続のしかた

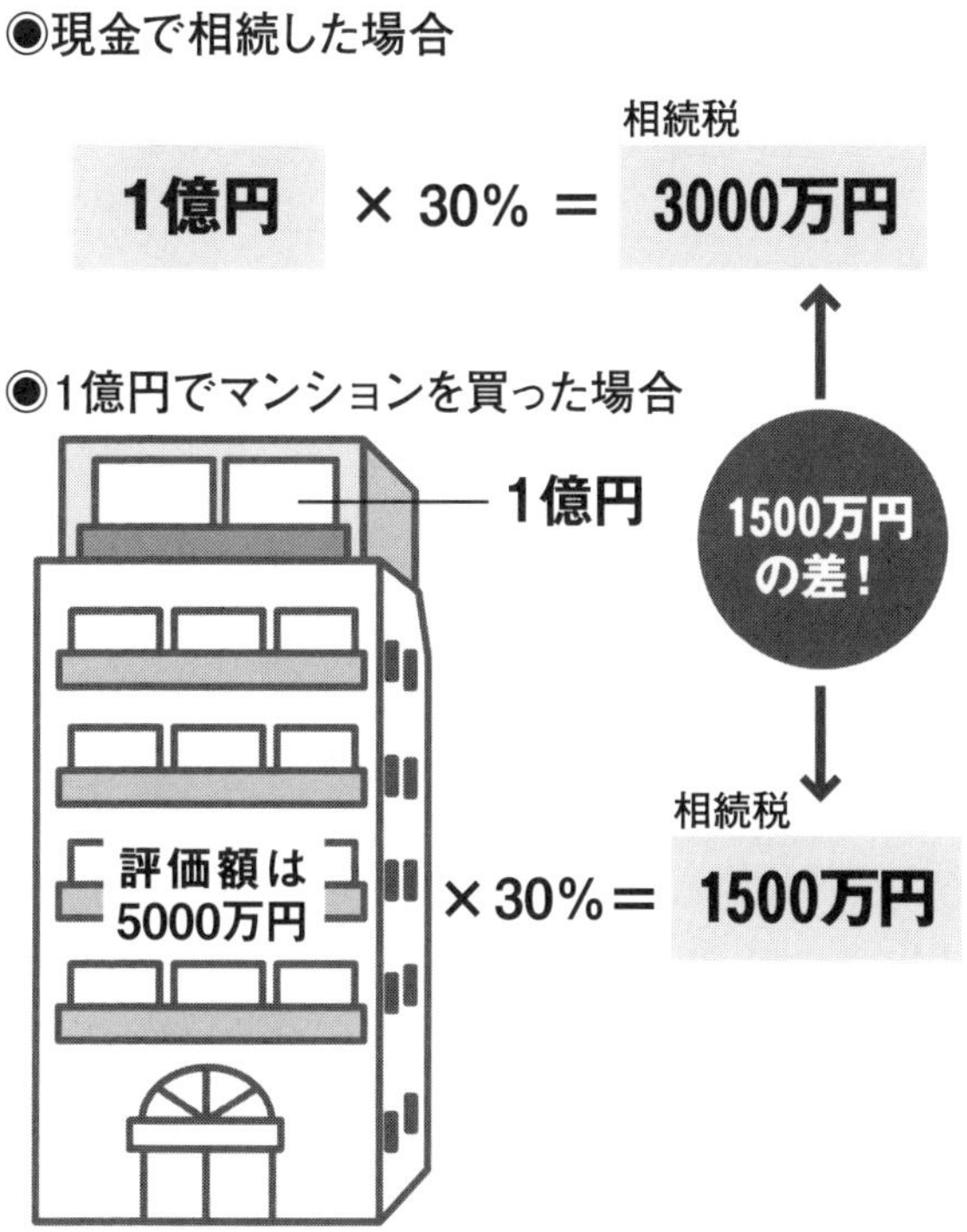

マンションを買ったほうが
相続税は1500万円トク！

土地は2つに分けるだけで節税できる

土地の中には、次ページのように、2つ以上の道路に面しているものがあります。このような土地は、どちらからも出入りができるため利便性がよく、評価額が高くなります。

それでは、土地に2つ以上の路線価がある場合、どちらの路線価を使うことになるのでしょうか？　安いほうの路線価を使いたいところですが、路線価が2つ以上ある土地は、細かい計算を無視すれば、**金額の高い路線価を使って土地の評価額を決めることになります。**

したがって、次ページの土地Ⓐ、Ⓑの評価額はどちらも、

100万円×200㎡＝2億円　となります。

土地の評価方法

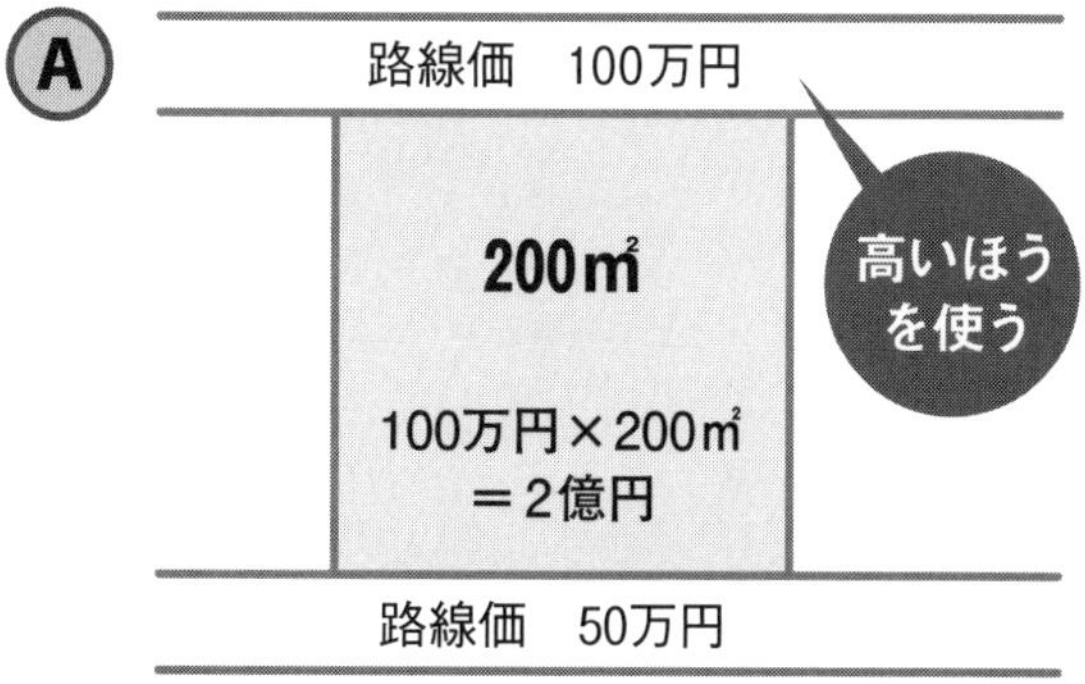
A
路線価　100万円
200㎡
100万円×200㎡
＝2億円
高いほうを使う
路線価　50万円

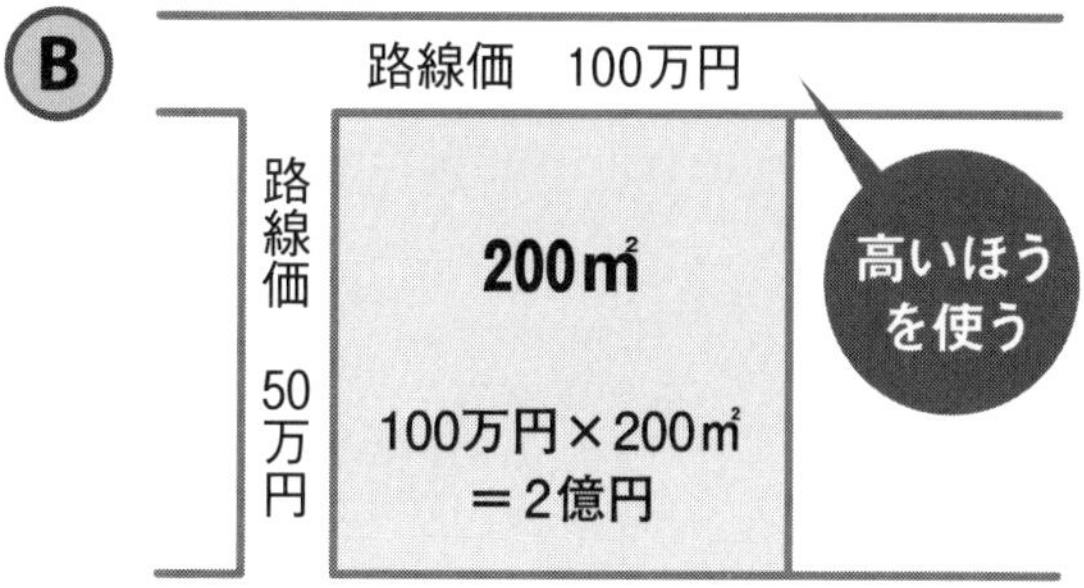
B
路線価　100万円
路線価　50万円
200㎡
100万円×200㎡
＝2億円
高いほうを使う

高いほうを使うなんて、ちょっと損した気分ですよね。

そこで、**この土地の金額を相続のさせ方で大きく減らす方法があります。**

実は、この土地を全体で評価しなければならないのは、土地全体を1つの区分として利用しているときだけです。ということは、**土地を2つに分けてしまえば、それぞれ別々に評価をすることができる**のです。

つまり、土地を2つに分けて、子ども2人に別々に相続させる場合は、土地を別々に評価することができます。

このケースでは、土地を2つに分けるだけで、評価額が5000万円も減額されるということです。

「そんなこと知らなかった！」とならないよう、上手に相続させましょう。

2つに分けるだけで
評価額を5000万円減額できる

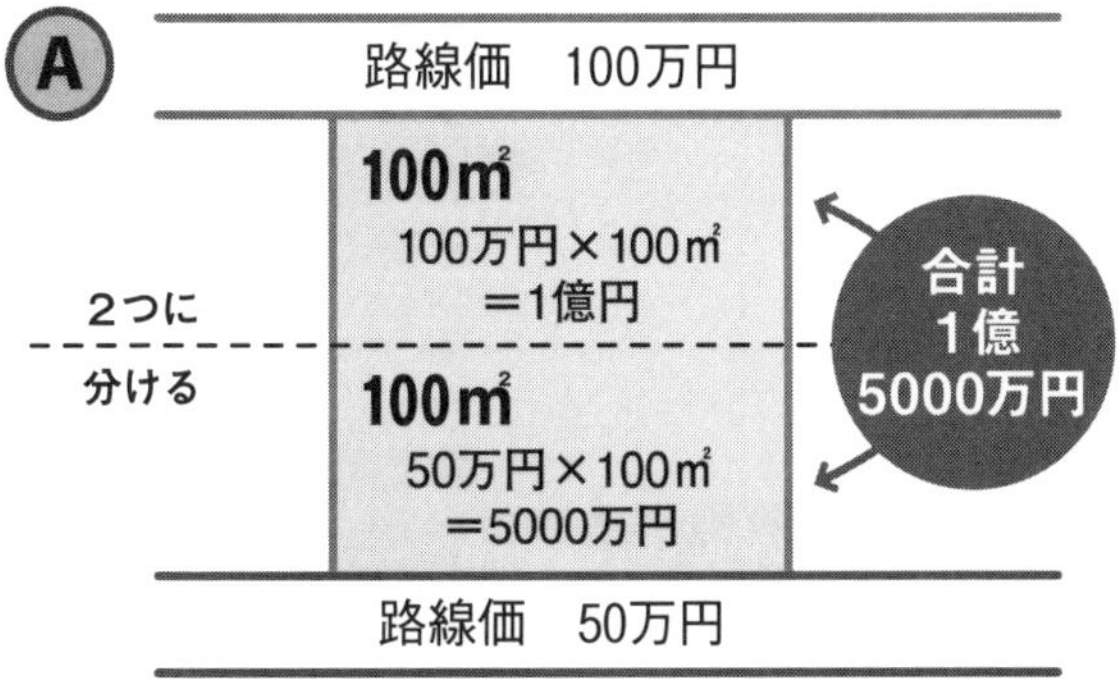

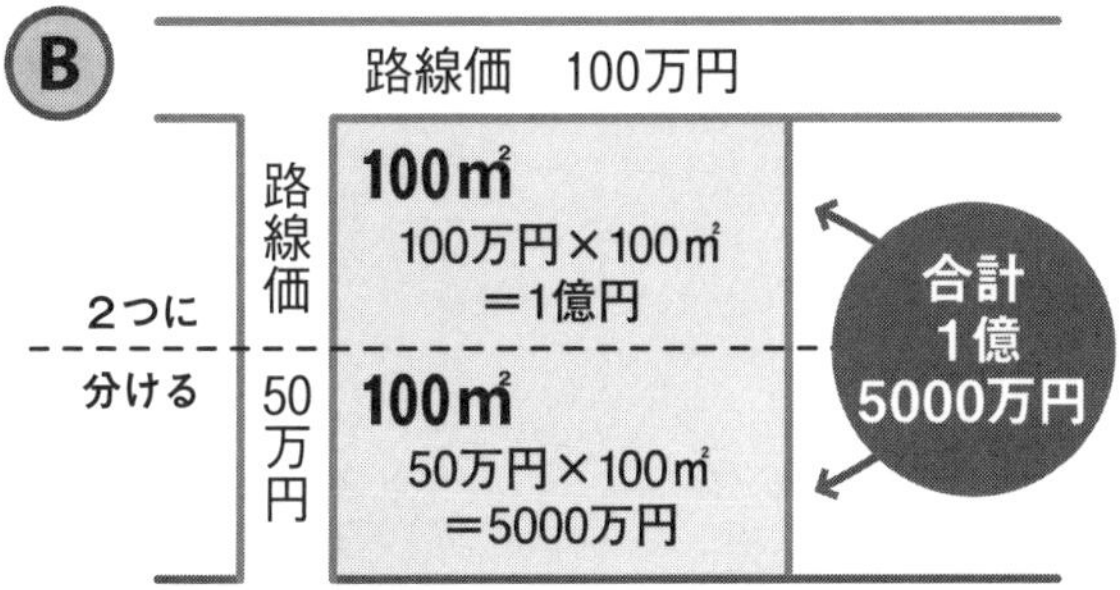

３３０㎡以上の土地に住んでいる人は、引っ越しがおすすめ!?

相続税の計算をするうえで、自宅については、**土地の評価額を最大で３３０㎡まで80％減額してくれる特例が認められています**（これを「**小規模宅地等の特例**」といいます）。

この特例は、相続税の支払いのために、自宅など生活に必要な不動産を手放さなくてすむよう、土地の評価額を引き下げてくれるというものです。

さて、この小規模宅地等の特例ですが、減額される土地の面積には３３０㎡という上限があるのですが、金額に制限はありません。都心の高い土地でも地方の安い土地でも、３３０㎡までは80％減額できることになっています。

小規模宅地等の特例とは？

1億円の土地（330㎡以内）

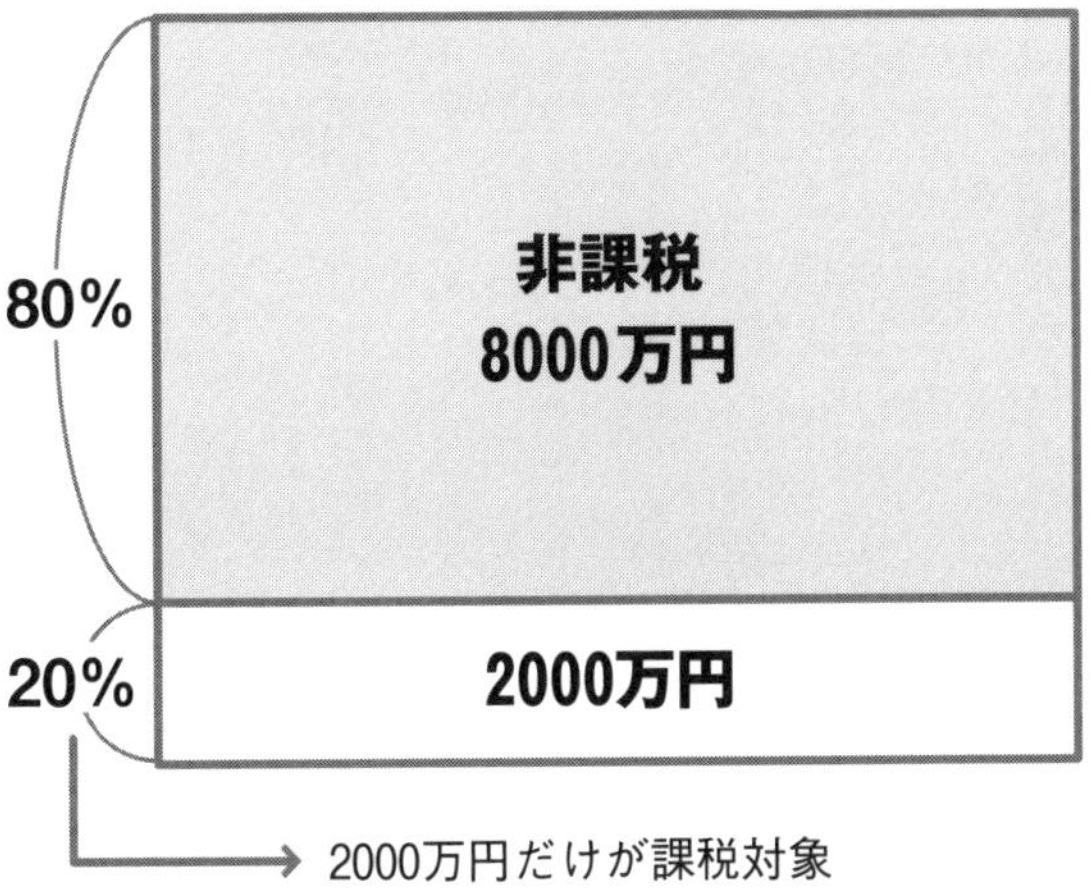

◉特例が使えるのは

① 配偶者
② 相続前から同居していた親族
（引き続き住み続ける必要あり）
③ 過去３年間持ち家に住んだことがない親族

——のいずれかが相続した場合

つまり、

土地の値段の高い都心のほうが、地方よりも減額幅が大きいということです。

たとえば、評価額が1億円の2つの土地（Ⓐ都心の330㎡の土地、Ⓑ地方の3300㎡の土地）があったとします。

まず、Ⓐの都心の土地は330㎡以内ですから、条件を満たせば小規模宅地等の特例によって、80%の減額対象となります。

したがって、1億円の土地の評価額は8000万円減額されて、2000万円になります（つまり、相続税はこの2000万円についてだけかかります）。

これに対して、Ⓑの3300㎡の土地は上限の330㎡までしか減額できませんから、減額される金額は次図のように800万円となり、土地の評価額は

比べてみよう

A 都心の330㎡の土地（1億円）

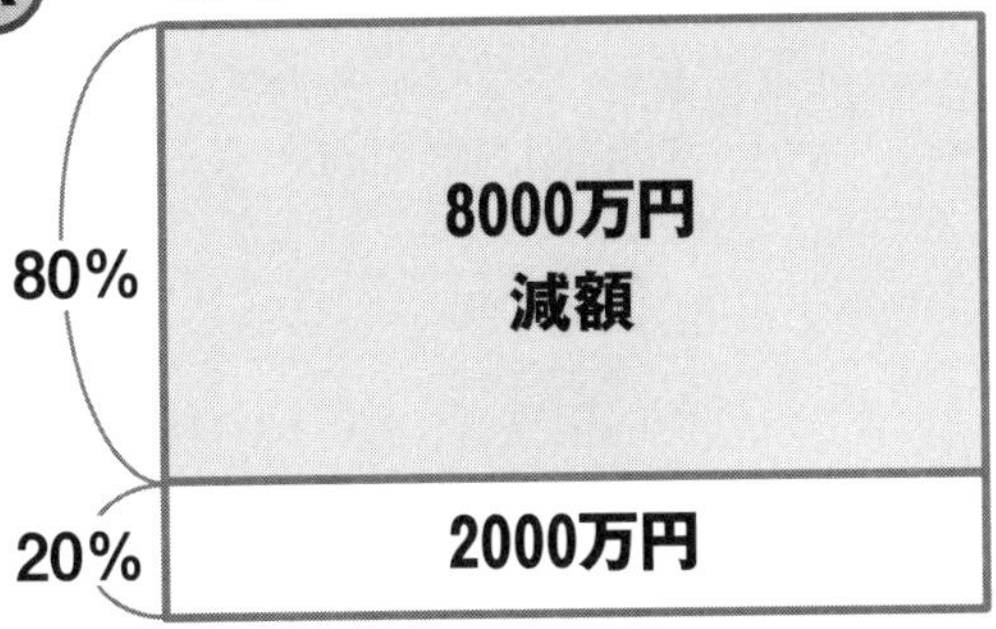

1億円×80%＝8000万円の減額

土地の評価額　2000万円

B 地方の3300㎡の土地（1億円）

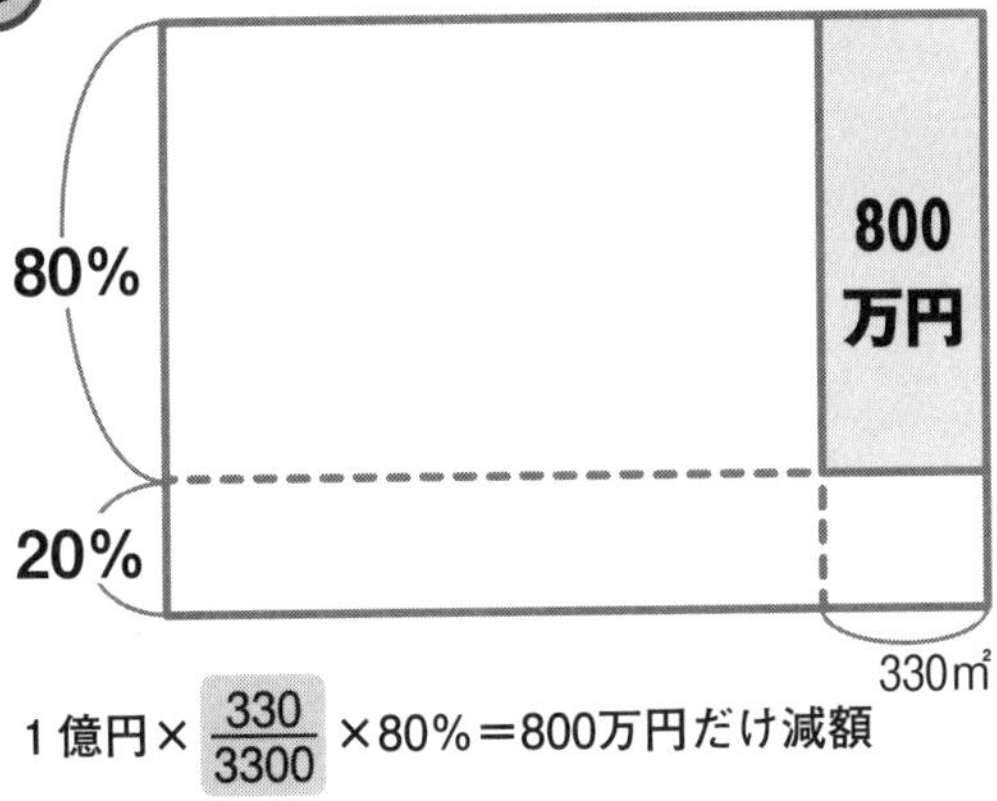

1億円× $\frac{330}{3300}$ ×80%＝800万円だけ減額

土地の評価額　1億円－800万円＝9200万円

9200万円となってしまいます。

同じ1億円の土地なのに、7200万円も評価額が変わってしまうのであれば、相続のことだけを考えると、

地方の広い土地に住んでいる人は、都心に引っ越すとトク

ということになりますね。

もちろん、簡単に自宅を引っ越しできるとは限りませんが、もし引っ越しができるのであれば、都心に引っ越すことで相続税の金額を大幅に減らすことができます。

また、都心部への引っ越しは小規模宅地等の特例が使えない場合でもメリットがあります。

相続税や贈与税において土地は、先述した通り、「路線価」に基づいて評価をしますが、一般的に、

地方だと実際の相場の70%～80%程度、都心部では50%程度のところもある

と言われています。

ですから、子どものことを考えたら地方の土地を相続させるよりも、都心部の土地を相続させたほうが、実際の価格と比較すると税金の負担が軽くなる場合が多いということになります。

空いている土地にはアパートを建てる

ひとことで土地といっても、空き地、駐車場、家やビルが建っている土地、畑や田んぼなど、利用方法はさまざまですよね。また、土地を自分で使っているケースと、人に貸しているケースもあります。

自分で土地を使っている場合には、いつでもその土地を自分の好きなように使ったり、売ったりすることができますが、人に貸している土地で借主が家を建てているような場合や、自分で土地にアパートを建てて人に貸しているような場合には、建物に住んでいる人がいますから、簡単に出て行ってもらうことができません。

このように、**土地の利用に制限のある土地は、いざ売却しようとしても、買い手がつきにくいため、値段も安くなります。**

そこで、相続税の計算上でも、このような土地の評価を安くしてくれることになっています。

たとえば、土地を人に貸して借主がその土地に家を建てているような場合、借主はその土地を利用する権利（これを「**借地権**」といいます）をもちます。土地の持ち主は、権利の一部を借主に取られてしまっていることになりますから、土地の評価額も、土地の評価額から借地権の評価額を引いたものになり、大きく減額されることになります。

「相続税対策にはアパートを建てろ」

とよく言われますね。これは、アパートを建てた場合は、土地も建物も自分の所有なのですが、アパートでは、部屋の借主が住む権利（借家権）をもつこととなり、土地を自由に利用できなくなるうえ、仮にアパートを壊すような場合には、立ち退き料を支払わなければならなくなるため、**一定割合の減額をしてもらえることになっている**のです。計算式は、

土地の評価額×（1－借地権割合×借家権割合）

となっています。借地権割合は、おおむね50～60％程度。借家権割合は30％となっていますから、アパートを建てると土地の評価額から15～20％程度の減額をすることができます。

また、アパートは建物についても減額があります。

建物は、固定資産税評価額で評価しますが、人に貸している建物は30％引き

で評価をしていいことになっています。2000万円の建物であれば、1400万円で評価をすることになります。

ただこのように、アパートを建てると確かに相続税対策にはなりますが、もしこれから建てるなら、**大事なのはアパート経営自体が儲かるかどうか**です。

アパートを建てて預貯金を減らし、さらに土地の評価額を下げて相続税対策をしながら、家賃収入を得て年金の足しにする。

老後はこんなプランが立てられたら最高ですが、せっかくアパートを建てて、相続税が安くなっても、人が全然入らなくて家賃収入がなく、赤字を出しては、何のためにアパートを建てたのかわかりません。

収支のシミュレーションをしっかりと立てて、対策をしていきましょう。

古い家はリフォームしておくとトク

「自分が住むには今のままで十分。子どもが住むようになったら、子どもが自分で相続したお金を使ってこの家をリフォームすればいい」

こんなことを思って、古い自宅をそのままにされている方は多いと思います。確かに自分が手を加えるよりも、相続をしたあと、子どもが手を加えたほうが、子どもの好きなようにできるということもあるでしょう。

しかしながら、**古い家のリフォームは、みなさんが元気なうちにみなさん自身がしてあげたほうが節税につながる**のです。

第4章で「お墓は生前に買ってください」という話をしましたが、その話と同じ理由で、家も生前にみなさんがリフォームをすれば、その分相続財産を減らすことができます。

仮に、1000万円のリフォームが必要な場合、みなさんがリフォームをすれば1000万円、相続財産を減らすことができます。

しかし、もし1000万円を預貯金で残してしまうと、子どもはその1000万円にかかる相続税を支払わなければなりませんから、1000万円相続したとしても、1000万円分のリフォームはできなくなってしまいます。

「リフォームしたら建物の評価額が上がるのでは？」とも思いますが、傷んだ建物の修繕の範囲であれば、建物の固定資産税評価額が上がることはないですし、**固定資産税評価額が上がったとしても、工事費の50％程度ですみます。**

相続を考えるなら、安心してみなさん自身の手でリフォームをしてください。

いらない不動産は現金化する

「親から相続した、使っていない土地がある」
「空室だらけの賃貸用の不動産がある」

もっていても仕方がない不動産でも、もっているだけで固定資産税が毎年かかってしまいますし、自分が死んで子どもが相続をすることになれば、相続税がかかってしまいます。

いらない不動産のために税金を支払うなんてもったいないですし、子どもはお金がなければ税金を払うこともできません。

相続対策というと相続税対策を考えてしまいますが、実は、相続対策の順番は次の順序でしなければならないと言われています。

①財産の分割の検討（いわゆる「争族」を起こさないように対策を立てる）
②納税資金対策（資金の準備）
③相続税対策（生前から節税をしていく）

みなさんが亡くなったあと、子どもたちが困るのは、争いが起きるということとプラス、**②の払わなければならない相続税が支払えないこと**です。

たとえば、預金1億円を子どもが相続したとき、相続税が2000万円かかっても、子どもは相続した預金でこれを支払うことができます。

しかしながら、土地1億円を相続してしまうと、**子どもは相続税2000万**

円は自分がもっている預貯金で支払わなければなりません。

これって、とても大変ですよね。

そこで、みなさんは相続税対策で税金を減らすとともに、お子さんの納税資金についても考えてあげなければなりません。

ちなみに相続税は、現金で一括で支払うことが大原則です。

これが無理だと認められる場合には、分割払い（これを「**延納**」といいます）をすることができ、何年かに分けて支払いをすることになりますが、この場合、子どもは金利を支払わなければなりません。

さらに、分割払いも難しいと認められた場合には、不動産などそのもので支払うこと（これを「**物納**」といいます）が認められていますが、これは一括でも分割でも支払うことができないと認められた場合だけです。

ですから、子どもに預貯金があれば物納はできませんし、預貯金がなくても相続税を支払える程度の収入がある場合には、その収入で分割払いができると判断され、やはり物納は認められません。

いらない不動産を相続したうえに、苦労して税金を支払わされるなんて、子どもにしてみれば迷惑千万ですよね。ですから、みなさんが生きている間に、**いらない不動産はすぐ売却してしまうのが得策です。**

みなさんがいらないと考える不動産ですから、その価値がどんどん下がっているようなこともあるでしょう。その場合、相続税の評価額より実際に売るときの金額のほうが安いというケースもあると思います。

そのような場合は、**不動産を売って現金化することで相続税の節税にもなります**から、積極的に売却を検討してください。

第6章

親の秘密で迷惑かけない

相続対策は親子そろって

ここまでさまざまな相続対策を見てきましたが、相続対策をするのに一番大切なのは、**親子間の協力**です。みなさんだけが頑張っても、実際に相続をするのは子どもになりますから、子どもがしなければならないこともたくさんありますし、逆に子どもだけが頑張ろうとしても、みなさんの協力がなければ相続対策はできません。**相続対策に親子間の協力は不可欠なのです。**

このときに大切なのは、**親が子どもに秘密をつくらない**ということです。相続問題は大きな財産がからみますから、みなさんにとってもお子さんにとっても非常にデリケートな問題だと考えてください。

ですから、些細なことで親子間の関係がぎくしゃくしたり、もめごとに発展してしまったりしないよう、親としてみなさんの配慮が必要になります。

財産や借金をすべて子どもに伝えなければ相続対策は進みませんし、みなさんが伝えていない財産があると、子どもは不信感を抱きます。

子どもがどのように遺産を分割するかについて話し合っているとき、実は二男の知らないところで長男に大きなお金を贈与していたなどということが発覚すると、兄弟間でのもめごとの火種になります。

また、あまりないかもしれませんが、実は子どもの知らない養子や隠し子がいて、法定相続人がほかにもいたなどということになっては、せっかく行った相続対策が水の泡です。

ですから**相続対策は、子どものことを信じて、子どもに自分のことを包み隠さず話をして、秘密をつくらないようにすべき**です。

へそくり預金は子どもに教える

「休眠預金」という言葉を聞いたことがありますか?

実はこれ、何年もまったく取引のされていない(入金も出金もない)銀行預金のことをいいます。

子どものときに使っていた預金口座、働きはじめたときにつくった預金口座など、もしかしたら、みなさんにも心当たりがあるかもしれませんね。

2018年に**「休眠預金活用法」**というものができて、10年以上取引(入出金)がない預金については「休眠預金」として取り扱われることになり、社会貢献に使われることになりました。

休眠預金になることによって、直ちに引き出しができなくなったり、没収されたりすることはありませんが、お金を引き出す、あるいは口座を解約するのが、不便になったり手間がかかったりするようになります。いずれは没収ということにもなりかねません。

この休眠預金、なんと1年間に1300万口座、1200億円ずつ増えているとのこと。ほとんどが少額で、忘れられてしまっていたり、知っていてもお金を引き出すのが面倒だからそのままにされていたりというものですが、なかには多額の預金も存在しています。

みなさんには、**家族に内緒で貯めているへそくり預金**はありませんか?

もし、みなさんにこうした預金があって、それを死ぬまで黙っていたらどうなるでしょう?

子どもはその預金の存在を知りませんから、きっとそのまま放置され、名義変更をされることもなく、休眠預金になってしまいます。

あるいは、親族が知らなかった預金口座が税務調査で発見され、申告漏れを指摘されるケースもあります。

もちろん申告漏れを指摘されたら、子どもは追加で相続税を支払わなければならなくなりますが、税務署に預金を見つけてもらえたのですから、これはむしろ喜ばしいことかもしれません。

実は、このように発見してもらって親族が喜ぶようなケースはまれで、**みなさんのへそくり預金は、誰も見つけることができない**のが大半なのです。

もう1つ、休眠預金の発生原因で多いのが、親が勝手に子ども名義の預金口座をつくっていた場合です。

子どもが預金の存在を知らないまま、そのまま眠ってしまうというケースです。せっかく子ども名義でお金を貯めてあげたのに、休眠預金になってしまってはもったいないですよね。

預金の名義変更手続きは、残された家族にとって手間のかかるものです。ですから、銀行口座がたくさんある人は事前に解約手続きをして、口座の数を減らしておくと、残された家族はとても楽になりますし、休眠預金ができる可能性も少なくなりますよね。

第2章でも説明した通り、残された家族が財産を1つひとつ探していくのは本当に大変です。ですから、**子どもに隠しごとはせず、すべての財産を伝える**ようにしてください。

株は上がったタイミングで子どもに渡す

家族に黙って株をやっている、という人は意外と多いものです。

一般的に男性は株が好きで、女性は株が嫌いといわれます。そのせいか、奥さんに黙ってご主人が株をやっているというのは、実はよく聞く話なのです。

株（ここでは、証券会社で買うような上場会社の株式のことをいいます）は、相続すれば相続財産となります。

では、株の評価額は相続税の計算ではいくらになるでしょうか？

財産の評価は、基本的には亡くなった日の評価額とされていますから、株の評価も亡くなった日の値段じゃないか、と思うかもしれませんが、実は株の評価だけは次の４つの評価方法が定められています。

①相続のあった日の終値
②相続のあった月の終値の平均値
③相続のあった月の前月の終値の平均値
④相続のあった月の前々月の終値の平均値

株だけは、この４つの中で一番低い額を評価額とすることができるという、うれしい取り扱いになっています。

株を贈与する場合の評価額も、相続税の評価と同じく、先の「相続」を「贈与」と読み替え、過去の評価額を使って、おトクな贈与をすることができます。

たとえば、２か月前に１００万円で買った株が急に値上がりして、２か月後に５００万円になったとします。

このように、**株価が急上昇したときが贈与のチャンスです。**

なぜなら、500万円の時価になった株式を贈与した場合、この財産の評価額は2か月前の100万円、つまり、贈与税の計算上は100万円の株を贈与したという取り扱いになり、（110万円以下であることから）贈与税がかからないからです。

2か月で株価が突然5倍になるなんていうことはあまりないかもしれませんが、絶対にない話でもありません。

株をもっている方は、値上がりしたタイミングで贈与をするとおトクであるということをぜひ頭に入れておきつつ、家族に黙って株で儲けていたならば、これもへそくり同様、最後はきちんと家族に伝え、賢い相続をしてください。

株が急上昇したら

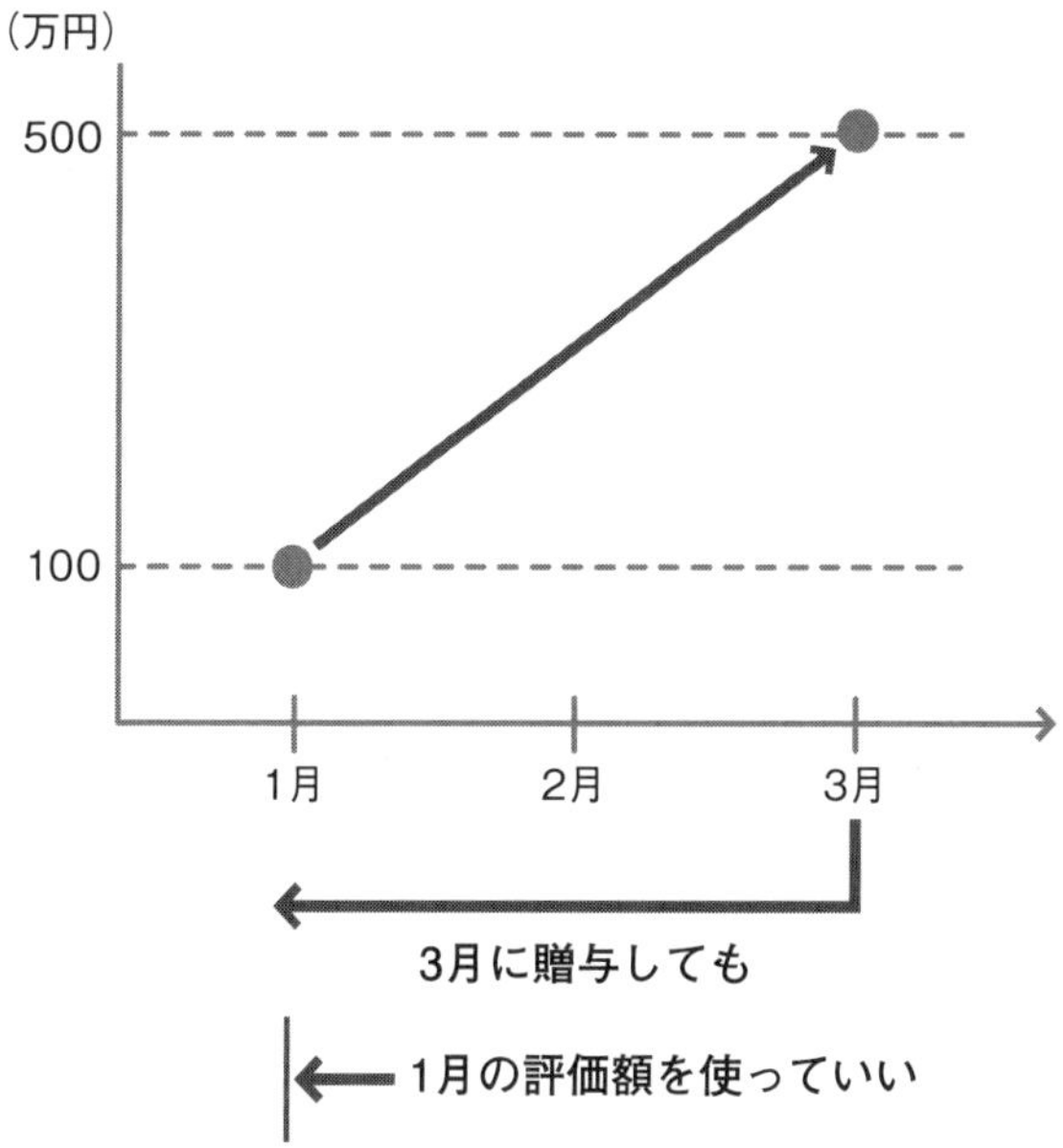

**500万円の財産を
100万円の評価で贈与できる!**

保証人になっているなら

「絶対に保証人にはなるな！」

子どもにはこんなふうに偉そうに言っている方でも、友人が事業をはじめるときに借り入れの連帯保証を頼まれて仕方なく……ということで、連帯保証人になっている場合があるかもしれません。

もちろん、みなさんが信用している大切な友人のことですから、「あいつなら大丈夫」と思って保証人になることは、決して悪いことだとは言いません。

しかしながら、その友人の事業が今後もずっと安泰かというと、そんな保証は残念ながらどこにもありません。

ところで、あなたが友人の借金の連帯保証をしていることを、お子さんはご存じでしょうか？

自分が連帯保証をしているだけだから、子どもに言う必要はないと思っているかもしれませんよね。

それは大間違いです。

相続では、保証人としての地位は相続人に引き継がれることになっています。

ですから、みなさんが友人の連帯保証人になったまま亡くなった場合、**その連帯保証はそのまま相続する子どもたちに引き継がれる**ことになってしまいます。

いくら自分が信用している友人であっても、自分の子どもが自分の死後、その友人の借金を保証するというのは、ちょっと筋が違いますよね？

子どもの側からすると、もし連帯保証のことを知らなければ、「**突然、身に**

覚えのない借金の督促状が届いた」という印象になると思います。

そこで、相続の準備をはじめるときは、いつ自分の身に何が起きてもいいように、連帯保証を外してもらうよう、友人に話をするようにしてください。

このとき、万が一、連帯保証をやめられない場合には、**連帯保証を子どもに相続させる＝借金を負うリスクを子どもに相続させるのと同じこと**だという意識をもつことが大切です。

第2章で説明した通り、相続では、「単純承認」「限定承認」「相続放棄」の3つのパターンを選択することができます。

みなさんが保証人になっているなら、相続をする子どもがどのパターンを選択するか、選択をさせなければなりません。

連帯保証の金額によっては、将来のリスクを考えると限定承認や相続放棄をすすめたほうがいいこともあるでしょう。

先述した通り、選択できる期間はあなたの死後3か月以内ですから、必ずみなさんが元気なうちに、子どもには**連帯保証をしていることと、保証している金額**を伝えておくようにしてください。

実は、保証人になっていることを知らされず、相続放棄をしなかったために、借金の肩がわりをすることになり、友人と自分の子どもが裁判で争うことになったというケースも少なくないというのが現状です（子どもを裁判に巻き込んで迷惑をかけるなんて、したくないですよね）。

できることなら、保証人になるのをやめるというのがベストですが、すでになっているなら、子どもたちが安心して相続できるよう心を配ることが大事です。

熟年結婚!? その前に

実は今、**「もう一度結婚しようかな」**と思っていませんか?

最近は、熟年結婚や熟年離婚が当たり前の世の中になりましたね。

ちなみに相続の観点から言うと、**熟年離婚**は、離婚した相手が自分の財産を相続する権利がなくなるだけのことです。離婚しても、子どもは子どものままで変わらないですし、子どもに相続をさせれば、それほど大きな問題はありません。

これに対して、**熟年結婚**は、新たに相続人が1人増えることになりますから、子どもからしてみると大問題です。

みなさんが70歳になり、パートナーが亡くなったあと、こっそり再婚したとしましょう。みなさんには子どもが２人いると仮定します。

みなさんが再婚しなければ、財産は子ども２人が半分ずつ相続する権利がありますが、もしみなさんが再婚をすると、新たなパートナーが１／２の権利をもつことになって、子ども２人は財産の１／４ずつしか権利がないことになります。

こんなとき、せっかく人生の最後を一緒に過ごそうとしている相手なのに、子どもたちから、「あの人は財産目当てに結婚したにちがいない」などと言われたらショックですよね。

こうしたケースでは、仮にもしみなさんが「相手の相続は放棄させるから、結婚させてほしい」などと言ったとしても、放棄するのはみなさんが亡くなったあとのことですから、子どもたちの気持ちは変わらないかもしれません。

また、「遺言書に財産は子ども2人に相続させると書くから」と言っても、新しいパートナーには配偶者として財産の1／4の遺留分がありますから、やはり状況は同じかもしれません。

そんなときは、新しいパートナーにひとまず許しをもらい、**遺留分を主張しないことを約束してもらう手続き**（これを「**遺留分の放棄**」といいます）**をとってもらう**というのが1つの手かもしれません。

この手続きは、家庭裁判所に申し立てをして、家庭裁判所の許可を得ることが必要になりますが、裁判所が認めた場合には、パートナーが遺留分の主張をすることができなくなるものです。

自らそのような手続きをとることで、「財産だけを目当てに結婚するわけではない」ことが明らかになれば、子どもたちも少しは安心するかもしれません。

こうして子どもをひとまず安心させたら、そのうえで（遺留分の放棄は相続放棄ではありませんので）、パートナーには別途財産を遺すことを遺言書に書いたり、生命保険に入ってお金を遺すようにすれば、大きなトラブルをさけられるかもしれません。

みなさんがもし子どもに内緒で再婚してしまったら、残念ながらみなさんのパートナーと子どもの間では、高い確率で激しい相続争いが起こることになります。

自分の人生をどう生きるかは自由です。

でも、自分がいなくなったあとに自分の大切な人たちがもめないよう、できることはすべてやってあげる配慮が大切かもしれませんね。

愛人の清算方法

「家族には黙っていたのだけれど、実は自分には愛人がいる」

あるいは、

「愛人との間に子どもがいる」

そんな方もいらっしゃるかもしれません。

子どもの立場からすると、相続の段階で、突然、愛人や愛人との間の子どもが出てきたら、大混乱するはずですよね。

自分の家族に愛人が「私にも、あなたのお父さん（お母さん）の財産を相続する権利がある」と迫る姿を、天国から眺める自分を想像してみてください。

――絶対に避けたいですよね。

実は、みなさんに愛人がいたとしても、愛人の場合は、**みなさんと婚姻関係がないため、法律上は相続人にはなれません。**

ですから、いくら権利を主張しても相続はできないことになります。

でも、それは法律上の話。ここはきちんと配慮したいところです。

もしも愛人に財産を遺したいなら、やはり遺言書に書いておくというのが1つの手になりますが、愛人の名前を遺言に出すというのはあまり……という気持ちもわかります。

そうであるなら、事前に贈与などをして、**少なくとも財産については自分が生きている間に清算をしておく**ことをおすすめします。

また、相続とは関係のない形でお金を残すという意味では、生命保険の受取人にするというのも1つの方法です。愛人でも生命保険の受取人になることはできます。

生命保険金を受け取る権利は法律上、受取人がもつ固有の権利として、相続財産には含まれませんから、法定相続人でない愛人でも、生命保険の受取人にさえしておけば、受け取ることができるわけです。

愛人との間に子どもがいる場合は、認知をしていなければ、立場は愛人と同じです。法律上は、財産を相続する権利はないので、生活に困らないようにといった配慮のうえで財産を遺したいなら、事前の準備が必要です。

一方、**認知をしている場合**は、親子関係が認められるため、法律上、相続人になることになります。

この場合には、夫婦間に生まれた子どもと同様の法定相続分が認められ、財産を相続する権利をもつことになります。

こうしたケースでは、それぞれの子どもに事前によく話をして対策をしておかないと、自分の家族と愛人や、愛人との子どもが相続争いをするという、ドラマに出てきそうな修羅場になりかねません。

みなさんが愛人との関係を清算するかどうかはさておき、少なくとも自分の遺産については、残された家族が自分の愛人関係のためにもめることのないように準備しておきましょう。

自分の秘密を貫き通したいなら、自分がいなくなったあとのことも考えて、清算方法を考えておきましょう。

子どもに迷惑かけたくなければ相続の準備は自分でしなさい

2019年法改正完全対応　改訂版

発行日　2019年4月20日　第1刷
2019年5月25日　第2刷

Author　五十嵐明彦

Book Design　轡田昭彦＋坪井朋子

Publication　株式会社ディスカヴァー・トゥエンティワン
〒102-0093　東京都千代田区平河町2-16-1　平河町森タワー11F
TEL 03-3237-8321（代表）　03-3237-8345（営業）
FAX 03-3237-8323
http://www.d21.co.jp

Publisher　干場弓子
Editor　三谷祐一

Marketing Group
Staff　清水達也　千葉潤子　飯田智樹　佐藤昌幸　谷口奈緒美　蛯原昇
安永智洋　古矢薫　鍋田匠伴　佐竹祐哉　梅本翔太　榊原僚　廣内悠理
橋本莉奈　川島理　庄司知世　小木曽礼丈　越野志絵良　佐々木玲奈
高橋雛乃　佐藤淳基　志摩晃司　井上竜之介　小山怜那　斎藤悠人
三角真穂　宮田有利子

Productive Group
Staff　藤田浩芳　千葉正幸　原典宏　林秀樹　大山聡子　大竹朝子　堀部直人
林拓馬　松石悠　木下智尋　渡辺基志　安永姫菜　谷中卓

Digital Group
Staff　伊東佑真　岡本典子　三輪真也　西川なつか　高良彰子　牧野類
倉田華　伊藤光太郎　阿奈美佳　早水真吾　榎本貴子　中澤泰宏

Global & Public Relations Group
Staff　郭迪　田中亜紀　杉田彰子　奥田千晶　連苑如　施華琴

Operations & Management & Accounting Group
Staff　小関勝則　松原史与志　山中麻吏　小田孝文　福永友紀　井筒浩
小田木もも　池田望　福田章平　石光まゆ子

Assistant Staff　俵敬子　町田加奈子　丸山香織　井澤徳子　藤井多穂子　藤井かおり
葛目美枝子　伊藤香　鈴木洋子　石橋佐知子　伊藤由美　畑野衣見
宮崎陽子　並木楓　倉次みのり

Proofreader　株式会社鷗来堂

Printing　大日本印刷株式会社

・本書へのご意見ご感想は下記からご送信いただけます。
http://www.d21.co.jp/inquiry/

ISBN978-4-7993-2467-7